중소기업회계기준 해설

중소기업회계기준 해설

2013. 3. 29.

법무부 · 한국회계기준원

서 문

제정 배경

상법 제446조의2에 따르면 주식회사는 법과 대통령령으로 규정한 것을 제외하고는 일반적으로 공정하고 타당한 회계관행에 따라 회계처리해야 한다. 회사가 적용할 수 있는 회계기준으로 주식회사의 외부감사에 관한 법률(이하 '외감법'이라 한다)에 따라 한국회계기준원이 제정한 한국채택국제회계기준과 일반기업회계기준이 있으나 외감법 대상이 아닌 주식회사(이하 '중소기업' 또는 '회사'라 한다)가 적용하기에는 복잡하고 부담이 크다는 지적이 있어 왔다. 따라서 이러한 회사는 상법에서 요구하는 회계처리를 사실상 하기 어려워 상법을 준수하지 못하는 결과를 낳을 수 있다는 우려가 있었다.[1)]

이에 법무부는 2012년 4월 개정 상법 및 시행령[2)]이 발효됨으로써 비교적 규모가 작은 주식회사에 적용할 회계기준을 도입할 수 있는 법적 근거가 마련됨에 따라 중소기업에 적합한 회계기준 제정을 추진하였다.

중소기업회계기준의 제정에 있어서 중소기업의 회계처리 부담 완화와 이해관계자에게 유용한 정보를 제공한다는 비교적 상반될 수 있는 두 가지 목적을 적절히 조화시키기 위해 이미 중소기업을 위한 별도의 회계기준이나 지침이 있는 선진국의 사례도 분석하였다. 또한 중소기업에 대한 이해도가 높은 이해관계자와 전문가로 법무부 내에 구성된 회계자문위원회와, 한국회계기준원 및 중소기업중앙회에서 추천한 인사로 구성된 중소기업회계기준 심의위원회를 통하여 이해관계자들의 의견을 더 체계적으

---

1) 이러한 이유로 중소기업중앙회는 대통령 주재 대 · 중소기업 동반성장대책회의(2010. 9. 29.)에서 중소기업이 쉽게 이해하고 적용할 수 있는 '중소기업 자율회계지침'의 제정 추진을 발표하였고, 24개 중소기업단체와 유관기관이 참여한 '중소기업 투명경영확산위원회'를 구성하여 이를 추진한 결과, 2011. 11월 '중소기업 자율회계지침(안)'을 발표한 바 있다.

2) 2012년 4월 15일부터 시행된 개정 상법 시행령에서는 외감법 대상이 아닌 주식회사를 위해 법무부장관이 고시하는 별도의 회계기준을 정할 수 있도록 하고 있다.

로 수렴 · 반영하고자 노력하였다.

중소기업도 통일성과 객관성이 확보된 재무정보를 이해관계자에게 제공한다면 장기적으로는 자본조달비용을 낮추어 새로운 사업기회를 활용하기 쉬워질 것이고 사회 전체적으로도 자원 배분의 효율성이 높아질 것이다. 중소기업회계기준의 제정은 중소기업의 회계투명성 제고에 기초가 될 것으로 기대한다.

제정 원칙

재무회계는 특정 집단의 이해관계에 치우치지 않는 일반 목적의 재무정보를 다양한 정보이용자에게 제공할 수 있어야 한다. 다만, 외부감사 대상이 아닌 주식회사는 그 정보이용자가 비교적 적고, 회계처리의 대상이 되는 거래 자체가 단순한 경우가 대부분이며, 회계처리 능력도 충분하지 못한 경우가 많아 이러한 회사가 적용하는 회계기준은 내용이 단순하고 적용하기 쉽도록 제정할 필요도 있다.

따라서 2013년 2월 1일에 고시된 중소기업회계기준(법무부고시 제2013-0029호)은 일반기업회계기준과의 일관성을 기초로 하되, 회계정보의 유용성을 크게 떨어뜨리지 않는 범위에서 회계처리의 단순화와 법인세법 등과의 조화를 고려하는 것을 원칙으로 하여 제정하였다. 중소기업회계기준은 외부감사 대상이 아닌 주식회사를 대상으로 하므로 비교적 규모가 작은 회사에 일반적으로 발생하는 거래 등에 적용되는 회계기준을 중심으로 구성하였다.

중소기업회계기준 해설

법무부와 한국회계기준원은 중소기업회계기준을 직접 접하는 중소기업 회계 담당자들이 쉽게 이해하고 적용하는 데 도움이 될 수 있도록 실무지침과 사례가 포함된 '중소기업회계기준 해설'을 2013년 3월 29일에 발간하게 되었다. 이 해설은 향후 실무상의 의견을 계속 수렴하고 이용자의 필요를 반영하여 앞으로도 지속적으로 보완해 나갈 예정이다.

참고자료

중소기업회계기준

법무부	http://www.moj.go.kr
한국회계기준원	http://www.kasb.or.kr
중소기업청	http://www.smba.go.kr
중소기업중앙회	http://www.kbiz.or.kr

법령 정보

법무부 아이로	http://www.ilaw.go.kr
법제처 국가법령정보센터	http://www.law.go.kr
국세법령정보시스템	http://www.nts.go.kr
삼일아이닷컴	http://www.samili.com

주의사항

이 해설에 포함된 중소기업회계기준은 2013년 2월 1일, 법인세법 등은 2013년 2월 15일 현재 유효한 내용이므로 해당 일자 후에 변경된 사항은 이 해설에 반영되지 아니하였습니다.

이 해설의 각 장은 중소기업회계기준에서 구분하는 장과는 달리 구성되어 있습니다.

이 해설의 발표일 이후 추가적인 수정사항이 있는 경우 법무부(http://www.moj.go.kr), 한국회계기준원(http://www.kasb.or.kr), 중소기업청(http://www.smba.go.kr), 중소기업중앙회(http://www.kbiz.or.kr) 홈페이지에서 해당 내용을 제공할 예정입니다.

이 해설의 사례에서 별도로 언급하지 않은 경우 각 회계연도는 1월 1일에 시작되고 12월 31일에 종료되는 것으로 간주합니다.

목 차

제 1 장 중소기업회계기준의 적용 대상과 목적

1 중소기업회계기준의 적용 대상

중소기업회계기준은 상법 시행령 제15조제3호에 따른 주식회사(이하 '회사'라 한다)의 회계처리에 적용한다. 다만, 회사가 주식회사의 외부감사에 관한 법률 제13조에 따른 회계기준(한국채택국제회계기준 또는 일반기업회계기준을 말한다)을 적용하는 경우에는 그러하지 아니하다.(제2조)

회계 원칙 | 상법 제446조의2에서는 "회사의 회계는 상법 및 대통령령에서 규정한 것을 제외하고는 일반적으로 공정하고 타당한 회계관행에 따른다."고 규정하고 있다. 상법 시행령 제15조(회계 원칙)에서는 법 제446조의2에서 "대통령령으로 규정한 것"이란 「주식회사의 외부감사에 관한 법률」 제2조에 따른 외부감사 대상 회사의 경우 한국채택국제회계기준 · 일반기업회계기준(제1호), 「공공기관의 운영에 관한 법률」 제2조에 따른 공공기관의 경우 같은 법에 따른 공기업 · 준정부기관의 회계 원칙(제2호)으로 규정하고 있으며, 외부감사 대상 및 공공기관이 아닌 주식회사의 경우 회사의 규모 등을 고려하여 법무부장관이 금융위원회 및 중소기업청장과 협의하여 고시한 회계기준(제3호)이라고 규정하고 있다. 2013년 2월 1일에 고시된 중소기업회계기준은 상법 시행령 제15조제3호에 따른 회계기준으로 외부감사 대상 및 공공기관이 아닌 주식회사가 적용하는 회계기준이다.

한국채택국제회계기준 · 일반기업회계기준 | 주식회사의 외부감사에 관한 법률에서는 연결재무제표 작성 의무를 규정하고 있으며 연결재무제표를 작성하기 위해서는 지배회사와 종속회사가 같은 회계기준을 적용하는 것이 효율적이다. 외부감사 대상이 아니더라도 종속회사는 지배회사가 적용한 회계기준과 같은 회계기준을 적용하기 위하여 한국채택국제회계기준이나 일반기업회계기준을 선택할 수 있다. 그리고 외국과 거래가 빈번한 중소기업의 경우 국제회계기준에 따라 재무제표를 작성

하는 것이 유리할 수 있다. 따라서 중소기업회계기준에서는 회사가 한국채택국제회계기준이나 일반기업회계기준을 적용하는 것을 허용하며 이 경우에는 중소기업회계기준을 적용하지 않는 것이다.

2 재무보고의 목적

중소기업회계기준은 상법 시행령 제15조제3호에 따른 주식회사의 회계처리와 재무보고에 관한 기준을 정한다.(제1조)

재무보고의 목적 | 회사가 수행한 활동의 결과를 회계기간 말의 재무상태, 회계기간의 경영성과, 자본변동 등을 보여주는 '재무제표'라는 서류로 요약하여 회사의 외부 이해관계자에게 제공하는 것을 '재무보고'라고 한다. 재무보고의 목적은 회사의 현재 및 잠재적 투자자, 대여자 그리고 그 밖의 채권자를 포함한 이해관계자가 회사에 자원을 제공하는 것에 대한 의사결정 등을 할 때 유용한 재무정보를 제공하는 것이다.

이해관계자 | 투자자, 대여자 그리고 그 밖의 채권자를 포함한 이해관계자들은 회사와 관련된 경제적 의사결정을 해야 하나 필요한 정보를 해당 회사에 직접 요구할 지위에 있지 못한 경우가 많다. 상법에서는 회사에 재무제표를 작성하도록 하여 이러한 이해관계자의 정보 수요에도 대응하도록 하고 있다. 반면, 경영자나 세무당국은 해당 회사에 필요한 정보를 직접 요구할 수 있으므로 이들의 정보 수요에 중점을 두고 재무제표를 작성하는 것은 아니다. 따라서 회사의 투자자, 대여자 그리고 그 밖의 채권자를 포함한 이해관계자의 정보 수요에 초점을 맞추어 재무제표를 작성할 수 있도록 회계기준이 제정되어야 하고 이를 준수하여 재무보고가 이루어져야 한다.

회계 | '회계'란 회사에 발생한 거래나 그 밖의 사건 등을 자산, 부채, 자본, 수익, 비용의 각 항목으로 식별하고 화폐금액으로 측정한 자료를 분류·요약하여 재무정보의 형태로 전달하는 일련의 과정이다. 회사의 이해관계자가 자원 제공과 관련된 의사결정을 하는 데 유용한 재무정보를 제공할 수 있도록 이러한 과정에 적용되는 공통된 규칙이 회계기준이다.

[참고] 복식부기에 대한 이해

회계처리의 대상이 되는 거래나 그 밖의 사건은 자산, 부채 또는 자본에 영향을 미치며 다음과 같은 등식이 성립한다.

자산	=	부채	+	자본

거래나 그 밖의 사건이 발생하였을 때 차변(왼쪽)과 대변(오른쪽)으로 나누어 기록하는 방식을 분개라고 한다. 하나의 거래나 사건이 발생하면 다음 표에서 해당되는 경우를 찾아 차변과 대변에 금액의 합이 같아지도록 분개한다. 이와 같은 방법으로 장부를 작성하는 것을 복식부기라고 한다.

	차 변	대 변
자산	증가	감소
부채	감소	증가
자본	감소	증가
수익	감소	증가
비용	증가	감소

예를 들어 5,000원짜리 기계장치를 매입하고 향후 대금을 지급하기로 한 경우 기계장치라는 자산의 증가는 차변에, 미지급금이라는 부채의 증가는 대변에 나누어 기록한다.

(차) 기계장치	5,000	(대) 미지급금	5,000

자산	=	부채	+	자본
+5,000		+5,000		0

같은 예에서 기계장치 대금 중 3,000원은 즉시 현금으로 지급하고 나머지 2,000원은 향후 지급하기로 했다면 기계장치라는 자산의 증가와 현금이라는 자산의 감소, 미지급금이라는 부채의 증가를 다음과 같이 각각 차변과 대변에 나누어 기록한다.

(차) 기계장치	5,000	(대) 현 금	3,000
		미지급금	2,000

자산	=	부채	+	자본
+5,000 −3,000		+2,000		0

용역매출로 현금을 10,000원 받고 매출원가가 8,000원 발생(매출원가 외의 다른 비용은

없다고 가정한다)하여 즉시 현금으로 지출한 경우 수익과 비용의 차이는 이익잉여금의 형태로 자본을 증가시킨다.

(차) 현 금	10,000	(대) 매 출	10,000
(차) 매출원가	8,000	(대) 현 금	8,000

자산	=	부채	+	자본
+10,000 −8,000		0		+2,000

각 거래와 사건의 분개 내용을 모아, 분류 · 요약하면 재무제표에 표시할 항목과 금액을 결정할 수 있다.

제 2 장 시행일 및 경과조치

1 시행일 [부칙 (2013. 2. 1.)]

중소기업회계기준은 2014년 1월 1일 이후 최초로 시작되는 회계연도부터 적용한다. 다만, 2013년 1월 1일 이후 최초로 시작되는 회계연도부터 적용할 수 있다.[부칙 (2013. 2. 1.) 제1조]

최초 적용일 | 회사의 회계연도는 1월 1일, 4월 1일, 7월 1일 또는 10월 1일에 시작되는 경우가 많다. 이 경우 각각 2014년 1월 1일, 2014년 4월 1일, 2014년 7월 1일, 2014년 10월 1일부터 중소기업회계기준을 적용하여야 한다. 중소기업회계기준을 조기 적용하는 경우에는 각각 2013년 1월 1일, 2013년 4월 1일, 2013년 7월 1일, 2013년 10월 1일부터 적용한다.

2 중소기업회계기준 최초 적용에 관한 경과조치 [부칙 (2013. 2. 1.)]

중소기업회계기준을 처음 적용한 회계연도 전에 발생한 거래 또는 사건 등으로 인하여 재무제표에 표시되는 항목은 그 직전 회계연도 말의 장부금액을 중소기업회계기준에 따른 최초 장부금액으로 본다. 다만, 특정 항목이 실질을 반영하지 못하는 경우 최초 장부금액을 수정하고, 그에 따른 영향은 기초 이익잉여금(적절하다면 자본의 다른 항목)에 반영한다.[부칙 (2013. 2. 1.) 제2조①]

그 직전 회계연도 말의 장부금액을 중소기업회계기준에 따른 최초 장부금액으로 보아 재무제표를 작성하는 경우 종전 회계기준에 따른 기타포괄손익누계액(해외사업환산손익, 현금흐름위험회피 파생상품평가손익은 제외한다)은 이익잉여금으로 재분류한다.[부칙 (2013. 2. 1.) 제2조②]

최초 장부금액 | 중소기업회계기준을 처음 적용한 회계연도 전부터 존재하는 자산, 부채와 자본은 그 직전 회계연도 말의 장부금액을 최초 적용 회계연도의 기초 장부금액으로 승계한다. 다만, 해당 장부금액을 그대로 가져오면 오히려 경제적 실질을 반영하지 못하는 경우도 있다. 예를 들어 종전에 일반기업회계기준이나 한국채택국제회계기준을 적용하였으나 회계처리에 오류가 있거나 종전에는 법인세법만 적용하여 충당부채와 같은 항목을 인식하지 않거나 대손충당금이 회계기준에 따른 평가액과 다를 수 있다. 이러한 경우에는 자산·부채의 최초 장부금액을 수정하고, 그 영향은 기초 이익잉여금에 반영한다. 최초 적용에 관한 경과조치가 없다면 이러한 수정 사항을 최초 회계연도의 당기손익에 반영하여 해당 회계연도의 당기손익 변동이 과다해질 수 있다. 자본거래와 관련된 회계처리에 오류가 있었다면 자산·부채의 최초 장부금액을 수정하면서 자본금, 자본잉여금 또는 자본조정을 수정해야 할 것이다.

기타포괄손익누계액의 최초 분류 | 일반기업회계기준이나 한국채택국제회계기준을 적용하여 온 경우 재평가한 유형자산의 평가이익과 매도가능증권의 평가손익은 기타포괄손익누계액이라는 자본항목에 반영되어 있다. 중소기업회계기준을 처음 적용하면 경과조치에 따라 해당 기타포괄손익누계액에 해당하는 금액은 기초 이익잉여금으로 분류를 변경하고, 해당 자산항목을 처분하는 시점에는 당기손익에 반영하지 않는다. 다만, 종전 회계기준에 따른 기타포괄손익누계액에 해외사업환산손익, 현금흐름위험회피 파생상품평가손익이 있다면 이는 자본조정으로 분류를 변경한다. 해외지점, 해외 종속회사 등과 관련된 외화환산이나 현금흐름위험회피회계의 경우 중소기업회계기준에 규정이 없기 때문에 일반기업회계기준을 참조한다.

다음 각 호의 사항은 주석으로 기재할 수 있다.[부칙 (2013. 2. 1.) 제2조③]

1. 직전 회계연도까지 적용한 회계기준의 명칭

2. 특정 항목이 실질을 반영하지 못하여 중소기업회계기준을 처음 적용하면서 일부 항목의 최초 장부금액을 수정한 경우 다음 각 목의 사항

가. 수정한 항목

나. 자산 또는 부채의 기초 장부금액에 미친 영향

다. 이익잉여금 등 기초 자본에 미친 영향

[사례 2-1] 중소기업회계기준 최초 적용 시 주석 작성

☞ 회사는 2013 회계연도까지 일반기업회계기준을 적용하였습니다.

☞ 회사는 2013 회계연도까지 일반기업회계기준을 적용하였고 유형자산 중 건물과 토지에 재평가모형을 적용하였습니다. 이에 따라 기타포괄손익누계액으로 인식된 재평가잉여금 15,000원을 중소기업회계기준을 적용하면서 2014 회계연도의 기초 이익잉여금으로 분류를 변경하였습니다.

☞ 회사는 2013 회계연도까지 법인세법을 적용하여 회계처리하였습니다. 이에 따라 소송 관련 충당부채를 인식하지 아니하였습니다. 중소기업회계기준을 적용하면서 2014 회계연도의 기초에 소송충당부채 2,000원을 인식하고 기초 이익잉여금을 2,000원 감소시켰습니다.

제 3 장 회계정책, 회계추정과 오류

<table>
<tr><th></th><th>원 칙</th><th colspan="2">예 외</th></tr>
<tr><td>회계정책의 선택</td><td>중소기업회계기준을 적용하여 결정</td><td colspan="2">구체적으로 적용할 회계기준이 없는 경우 일반기업회계기준 참조</td></tr>
<tr><th colspan="2">구 분</th><th>예</th><th>회계처리</th></tr>
<tr><td>회계정책의 변경</td><td>〈변경가능한 경우〉
· 기준에서 변경 요구
· 변경으로 신뢰성 있고 더 목적적합한 정보를 제공하는 경우</td><td>· 재고자산 단위원가결정 방법
· 유형자산 감가상각방법</td><td rowspan="2">· 전진적 회계처리 (효과는 당기와 이후 기간에 반영)</td></tr>
<tr><td>회계추정의 변경</td><td>· 환경 변화, 새로운 정보 입수, 경험 축적 등으로 회계적 추정치의 근거와 방법 등의 변경</td><td>· 대손추정
· 재고자산의 진부화 여부 판단, 평가
· 충당부채 추정
· 감가상각자산의 내용연수 또는 잔존가치 추정</td></tr>
<tr><td>오류수정</td><td>· 전기 또는 그 이전의 재무제표에 포함된 회계적 오류를 당기에 발견하여 수정</td><td>–</td><td>· 전기오류수정손익 (영업외손익)</td></tr>
</table>

1 회계정책의 선택과 적용

거래, 그 밖의 사건 또는 상황에 적용되는 회계정책은 중소기업회계기준을 적용하여 결정한다. 다만, 구체적으로 적용할 수 있는 기준이 없는 경우 일반기업회계기준을 참조하여 회계처리한다.(제3조)

회계정책의 선택 | '회계정책'이란 회사가 재무보고의 목적으로 선택한 회계기준

과 그 적용 방법을 말한다. 중소기업회계기준에서는 하나의 거래나 그 밖의 사건, 상황에 적용되는 회계정책으로 하나의 방법만을 제시하는 경우도 있고 간편법이나 법인세법 적용을 허용하는 등 여러 회계정책 중 하나를 선택하여 회계처리할 수 있도록 허용하는 규정이 있다. 다음은 복수의 회계정책 중 하나를 선택할 수 있는 경우의 예이다.

구 분	허용된 회계정책
재고자산, 유형자산·무형자산의 취득에 소요된 이자비용	① 당기 비용 ② 특정차입금 이자비용 자본화 ③ 특정차입금 및 일반차입금 이자비용 자본화
유형자산의 감가상각방법	① 정액법 ② 정률법 ③ 생산량비례법
무형자산의 상각방법	① 정액법 ② 생산량비례법
영업권의 상각기간	① 예상 사용기간, 생산량 등을 고려하여 합리적으로 결정 ② 법인세법 적용 (5년 상각)
금융채권(매출채권, 대여금, 미수금, 미수수익 등), 금융채무(매입채무, 차입금, 사채, 미지급금, 미지급비용, 예수금 등)의 평가	① 현재가치평가 ② 현재가치평가를 하지 않음
금융채권, 금융채무의 현재가치평가(상각)	① 유효이자율법 ② 정액법

구체적으로 적용할 기준이 없는 경우 | 중소기업회계기준에서는 회사에 발생하는 모든 거래와 그 밖의 사건·상황에 적용될 회계기준을 제공하는 것이 아니다. 비교적 규모가 작은 주식회사에 공통적으로 흔히 발생할 거래 등에 적용될 회계기준 위주로 제시하고 있다. 따라서 중소기업회계기준에서 제공하는 회계기준이 없는 경우, 일반기업회계기준을 참조하여 회계처리를 한다. 예를 들어 파생상품은 일반기업회계기준 제6장(금융자산·금융부채) 제3절(파생상품)과 제31장(중소기업 회계처리 특례), 주식매수선택권은 제19장(주식기준보상)과 제31장(중소기업 회계처리 특례), 리스제공자의 회계처리는 제13장(리스)을 참조하면 된다.

농림어업과 광물자원의 탐사와 평가 | 중소기업회계기준에서는 농림어업과 광물자원의 탐사와 평가를 별도 기준에서 다루고 있지 않다. 농림어업의 경우 재고자산, 유형자산, 정부보조금, 수익 등의 기준을 적용하면 되고, 광물자원의 탐사와 평가는 유형자산, 무형자산, 충당부채 등의 기준을 적용하면 되기 때문이다.

동일지배거래 | 하나의 기업이 둘 이상의 기업을 지배하는 경우 지배하는 기업과 지배받는 기업 간의 거래와, 지배받는 기업 간의 거래는 독립된 실체간의 거래로 보아 회계처리한다. 중소기업회계기준에서는 연결재무제표나 지분법을 규정하지 않기 때문에 이러한 거래도 독립된 실체간의 거래로 보는 것이다.

재무제표를 작성할 때 채택한 회계정책이나 회계추정은 비슷한 종류의 사건 또는 거래의 회계처리에도 동일하게 적용한다.(제43조①)

계속성 | 매기 같은 회계정책을 사용하면 기간별 비교가능성이 높아져 재무제표의 유용성이 향상된다.

2 회계정책의 변경

'회계정책의 변경'이란 재무제표의 작성에 적용하던 회계정책을 다른 회계정책으로 바꾸는 것을 말한다. 이 경우 회계정책의 변경에는 재고자산의 단위원가결정방법 변경과 유형자산의 감가상각방법 변경 등이 포함된다.(제43조②)

중소기업회계기준에서 변경을 요구하거나, 회계정책의 변경을 반영한 재무제표가 신뢰성 있고 더 목적적합한 정보를 제공하는 경우에만 회계정책을 변경할 수 있다.(제43조③) 회계정책의 변경은 전진적으로 회계처리하여 그 효과가 당기와 그 이후의 회계연도에 반영되도록 한다.(제43조⑤)

회계정책 변경 사유 | 여러 회계정책 중 하나를 선택하는 것은 회계연도마다 다시 선택할 수 있는 것은 아니다. 중소기업회계기준 자체가 개정되거나, 새로운 회계정책을 적용한 재무제표가 신뢰성 있고 더 목적적합한 정보를 제공하는 경우에만 회

계정책을 변경할 수 있다. 회계정책을 변경할 수 있는 정당한 사유의 예는 다음과 같다.

① 합병, 사업부 신설, 대규모 투자, 사업의 양수도 등과 같이 기업 환경이 중대하게 변화되어 총자산, 매출액, 제품의 구성 등이 현저히 달라져서 종전 회계정책을 적용하면 재무제표가 왜곡되는 경우

② 중소기업회계기준이 개정되거나 새로운 해석이 발표됨에 따라 회계변경을 하는 경우

③ 장기연불조건의 매매거래에서 발생하는 채권·채무를 만기금액으로 측정하다가 현재가치평가를 하는 경우

④ 기계장치의 감가상각방법을 법인세법에 따라 정률법을 적용하다가 해당 자산의 경제적 효익이 소비되는 행태를 반영한 합리적인 방법(예: 정액법)을 적용하는 경우

[사례 3-1] **회계정책의 변경**

㈜중소상사는 선입선출법(FIFO)이 재고자산의 흐름을 충실하게 표현하는 단위원가결정방법으로 더 신뢰성 있고 목적적합한 정보를 제공한다는 사실을 발견하고 20×1년부터 상품의 단위원가결정방법을 후입선출법(LIFO)에서 선입선출법(FIFO)으로 변경하였다.

일 자	거래내용	수량 (개)	단위원가 (원)		총액 (원)	
			LIFO	FIFO	LIFO	FIFO
20×1. 1. 1.	기초	100	10	10	1,000	1,000
20×1. 5. 1.	매입	50	12	12	600	600
20×1. 7. 10.	매출	80	11.25	10	900	800
20×1. 12. 31.	기말	70	10	11.43	700	800

① 20×1. 5. 1.

(차) 매 입	600	(대) 매입채무	600

② 20×1. 12. 31.

(차) 매출원가	1,000	(대) 상품(기초)	1,000
매출원가	600	매 입	600
상품(기말)	800	매출원가	800

〈주석〉 회사는 상품의 단위원가결정방법을 후입선출법에서 선입선출법으로 변경하는 것이 재고자산의 흐름을 충실하게 표현하는 더 신뢰성 있고 목적적합한 정보를

제공한다는 사실을 발견하고 20×1년부터 상품의 단위원가결정방법을 선입선출법으로 변경하였습니다.

3 회계추정의 변경

'회계추정의 변경'이란 환경의 변화, 새로운 정보의 입수 또는 경험의 축적에 따라 회계적 추정치의 근거와 방법 등을 바꾸는 것을 말한다. 이 경우 회계추정에는 대손의 추정, 재고자산의 진부화 여부에 대한 판단과 평가, 충당부채의 추정, 감가상각자산의 내용연수 또는 잔존가치의 추정 등이 포함된다.(제43조④)

회계추정의 변경은 전진적으로 회계처리하여 그 효과가 당기와 그 이후의 회계연도에 반영되도록 한다.(제43조⑤)

4 오류수정

'오류수정'이란 전기 또는 그 이전 회계연도의 재무제표에 포함된 회계적 오류를 당기에 발견하여 수정하는 것을 말한다.(제44조①)

당기에 발견한 전기 또는 그 이전 회계연도의 오류는 당기에 영업외손익의 전기오류수정손익으로 회계처리한다.(제44조②)

회계적 오류 | 오류는 계산 실수, 중소기업회계기준의 잘못된 적용, 사실 판단의 잘못, 부정, 과실 또는 사실의 누락 등으로 발생한다.

[사례 3-2] **오류수정**

㈜중소상사는 20×1년에 발생한 임직원 성과급 4,000원을 비용으로 인식하지 않았다는 사실을 20×2년에 발견하였다. 해당 성과급은 20×2년도에 지급하였다.

① 20×2년

(차) 전기오류수정손실 4,000 (대) 현 금 4,000

〈주석〉 회사는 회계연도 중에 전기 재무제표에 임직원 성과급 4,000원이 비용으로 인식되지 않은 것을 발견하여 당기 영업외비용의 전기오류수정손실로 계상하였습니다.

[참고] 일반기업회계기준 목차 (한국회계기준원 홈페이지: http://www.kasb.or.kr)

제 1 장 목적, 구성 및 적용
제 2 장 재무제표의 작성과 표시 I
제 3 장 재무제표의 작성과 표시 II(금융업)
제 4 장 연결재무제표
제 5 장 회계정책, 회계추정의 변경 및 오류
제 6 장 금융자산 · 금융부채
제 7 장 재고자산
제 8 장 지분법
제 9 장 조인트벤처 투자
제10장 유형자산
제11장 무형자산
제12장 사업결합
제13장 리스
제14장 충당부채, 우발부채 및 우발자산
제15장 자본
제16장 수익
제17장 정부보조금의 회계처리
제18장 차입원가자본화
제19장 주식기준보상
제20장 자산손상
제21장 종업원급여
제22장 법인세회계
제23장 환율변동효과
제24장 보고기간후사건

제25장 특수관계자 공시
제26장 기본주당이익
제27장 특수활동
제28장 중단사업
제29장 중간재무제표
제30장 일반기업회계기준의 최초채택
제31장 중소기업 회계처리 특례
제32장 동일지배거래
시행일 및 경과규정
보험업회계처리준칙
해석 【56-90】 임대주택건설사업자의 임대후분양주택에 관한 회계처리
재무회계개념체계

제 4 장 재무제표 표시

1 재무제표의 종류

중소기업회계기준에서 재무제표는 다음 각 호의 서류로 구성된다. 다만, 제3호와 제4호의 경우 하나를 선택하여 작성한다.(제4조①)

1. 대차대조표

2. 손익계산서

3. 자본변동표

4. 이익잉여금처분계산서 또는 결손금처리계산서

재무제표 작성 의무 | 상법 제447조(재무제표의 작성) 제1항과 같은 법 시행령 제16조(주식회사 재무제표의 범위 등) 제1항에 따르면 주식회사의 이사는 결산기마다 다음 각 호의 서류와 그 부속명세서를 작성하여 이사회의 승인을 받아야 한다.

1. 대차대조표
2. 손익계산서
3. 자본변동표 또는 이익잉여금처분계산서(결손금처리계산서)

중소기업회계기준에서는 대차대조표,[3] 손익계산서, 자본변동표, 이익잉여금처분계산서(결손금처리계산서), 주석의 작성 방법을 규정하고 있다. 상법에서 의무로 규정하지는 않지만 이해관계자가 의사결정을 하는 데 도움을 줄 수 있는 최소한의 주석을 예시하고 있다.

---

3) 주식회사의 외부감사에 관한 법률에서는 대차대조표의 명칭을 재무상태표로 변경하였기 때문에 한국채택국제회계기준과 일반기업회계기준에서는 재무상태표로 규정한다. 반면, 중소기업회계기준에서는 상법에 따라 대차대조표라는 명칭을 사용한다.

〈각 법령에서 요구하는 재무제표의 종류〉

상 법 (법 제447조제1항, 시행령 제16조제1항)	법인세법 (법 제60조제2항)
· 대차대조표 · 손익계산서 · 자본변동표 또는 이익잉여금처분계산서(결손금처리계산서)	· 재무상태표 · 포괄손익계산서 · 이익잉여금처분계산서(결손금처리계산서)* * 국세정보통신망을 이용하여 제출하는 경우 표준대차대조표, 표준손익계산서만 제출 가능(외감법 외부감사대상 법인 등 제외)

2 재무제표 작성의 공통 사항

(1) 비교표시

재무제표는 직전 회계연도 분과 해당 회계연도 분을 비교하는 형식으로 작성한다. 다만, 해당 회계연도 분만 작성할 수 있다.(제4조②)

(2) 준거 기준

재무제표가 중소기업회계기준에 따라 작성된 경우에는 각 재무제표 아래에 중소기업회계기준에 따라 작성되었다는 사실을 기재한다.(제4조③)

준거 기준의 기재 | 현재 우리나라의 회계기준은 3가지가 공존하기 때문에 재무제표가 어떤 회계기준에 따라 작성되었는지 기재하지 않는다면 정보이용자에게 혼란을 줄 수 있다. 한국채택국제회계기준과 일반기업회계기준의 경우 준거 기준을 주석으로 공시하나 중소기업회계기준에서는 주석 작성을 의무로 규정하지 않기 때문에 각 재무제표 아래에 해당 회계기준에 따라 작성되었다는 사실을 기재하도록 하는 것이다.

(3) 항목의 통합 및 구분 표시

성격이나 금액이 중요하지 아니한 항목은 성격이 비슷한 항목에 통합하여 표시할 수 있다.(제5조①) 성격과 금액이 중요한 항목은 그 내용을 잘 나타낼 수 있는 적절한 항목으로 구분하여 표시한다.(제5조②)

[사례 4-1] **통합 표시**

㈜중소상사는 특허권과 저작권은 금액이 중요하지 않다고 판단하여 대차대조표에 지식재산권이라는 항목으로 통합하여 표시하였다.

무형자산		⇒	무형자산	
특허권	*100*		*지식재산권*	*200*
저작권	*100*		개발비	1,000
개발비	1,000			

[사례 4-2] **구분 표시**

㈜중소상사는 정기예금과 유가증권은 성격과 금액이 중요하다고 판단하여 대차대조표에 구분하여 표시하였다.

당좌자산		⇒	당좌자산	
현금및현금성자산	100		현금및현금성자산	100
단기투자자산	*1,000*		*정기예금*	*500*
매출채권	500		*유가증권*	*500*
			매출채권	500

3 대차대조표

(1) 정의

대차대조표는 회계연도 말 현재 회사의 자산, 부채와 자본에 대한 정보를 제공하는

재무보고서이다.(제6조①)

대차대조표 구성요소의 정의는 다음 각 호와 같다.(제6조③)
1. '자산'이란 과거의 거래나 사건의 결과로 현재 회사가 통제하고 미래에 경제적 효익을 창출할 것으로 예상되는 자원을 말한다.
2. '부채'란 과거의 거래나 사건의 결과로 현재 회사가 부담하고 있고 미래에 자원이 유출되거나 사용될 것으로 예상되는 의무를 말한다.
3. '자본'이란 회사의 자산 총액에서 부채 총액을 차감한 잔여 금액으로 회사의 자산에 대한 주주의 잔여청구권을 말한다.

미래경제적 효익 | 자산의 정의에서 '미래경제적 효익'이란 미래의 현금흐름 창출에 기여하는 잠재력을 말한다. 자산은 재화와 용역의 생산에 투입될 수도 있고, 원가 절감에 이용되어 현금유출을 감소시킬 수도 있다. 또한 다른 자산과 교환하거나 부채 상환, 배당재원으로 사용될 수도 있다.

자원의 유출 · 사용 | 부채의 정의에서 '자원이 유출되거나 사용'된다는 것은 현금을 지급하거나 다른 자산을 이전하는 것, 용역을 제공하거나 다른 의무로 대체되거나 자본으로 전환되는 것을 포함한다.

(2) 대차대조표 작성기준

대차대조표에는 회계연도 말 현재의 모든 자산, 부채 및 자본을 적정하게 표시한다. [별지 제1호 서식 참조] (제6조②)

자산과 부채는 각각 다음 각 호의 조건을 충족하는 경우에 대차대조표에 인식한다. (제6조④)
1. 자산: 해당 항목에서 발생하는 미래경제적 효익이 회사에 유입될 가능성이 매우 높고, 그 원가를 신뢰성 있게 측정할 수 있다.
2. 부채: 해당 의무를 이행하기 위하여 경제적 자원이 유출될 가능성이 매우 높고, 의무의 이행에 소요되는 금액을 신뢰성 있게 측정할 수 있다.

자산, 부채 및 자본은 다음 각 호에 따라 구분한다.(제6조⑤)

1. 자산은 회계연도 말부터 1년 이내에 현금화되거나 실현될 것으로 예상되면 유동자산으로, 그 밖의 경우는 비유동자산으로 구분하고, 유동자산과 비유동자산은 다음 각 목과 같이 구분한다.

가. 유동자산: 당좌자산, 재고자산

나. 비유동자산: 투자자산, 유형자산, 무형자산, 기타비유동자산

2. 부채는 회계연도 말부터 1년 이내에 상환 등을 통하여 소멸할 것으로 예상되면 유동부채로, 그 밖의 경우는 비유동부채로 구분한다.

3. 자본은 자본금, 자본잉여금, 자본조정과 이익잉여금 또는 결손금으로 구분한다.

〈대차대조표의 개요〉

자 산	부 채
유동자산	유동부채
당좌자산	비유동부채
재고자산	
비유동자산	**자 본**
투자자산	자본금
유형자산	자본잉여금
무형자산	자본조정
기타비유동자산	이익잉여금

자산과 부채는 유동성이 높은 항목부터 배열한다.(제6조⑥)

유동성 | 자산은 빨리 실현될 항목부터, 부채는 빨리 소멸할 것으로 예상되는 항목부터 대차대조표의 위쪽에 배치한다. 중소기업회계기준에서 제공하는 별지 서식 대차대조표는 일반적으로 유동성이 높을 것으로 예상되는 항목의 순서로 배치한 것이다.

자산과 부채는 상계하여 표시하지 않는다. 다만, 회사가 채권과 채무를 상계할 수 있는 법적 권리를 가지고 있고, 채권과 채무를 차액으로 결제하거나 동시에 결제할 의도가 있다면 상계하여 표시한다.(제6조⑦)

[사례 4-3] 채권과 채무의 표시

① ㈜중소상사에는 20×1년 말 현재 ㈜P전자에 대한 매출채권 3,000원과 매입채무 2,000원이 있다. 이 경우 대차대조표에는 다음과 같이 표시한다.

당좌자산		유동부채	
매출채권	3,000	매입채무	2,000

② ㈜중소상사에는 20×2년 말 현재 ㈜P전자에 대한 매출채권 3,000원과 매입채무 2,000원이 있다. ㈜중소상사는 해당 자산과 부채를 상계할 권리를 가지고 있고 차액으로 결제할 의도가 있다. 이 경우 대차대조표에는 다음과 같이 표시한다.

당좌자산			
매출채권	1,000		

가지급금이나 가수금 등은 그 내용을 나타내는 적절한 항목으로 표시한다.(제6조⑧)

[사례 4-4] 가지급금의 회계처리

㈜중소상사에서는 20×1년 11월 30일에 출장을 가는 종업원에게 2,000원을 지급하였다. 종업원은 20×1년 12월 28일에 교통비 500원, 접대비 1,000원을 지출하였다.

① 20×1. 11. 30.

(차) 가지급금	2,000	(대) 현　　금	2,000

② 20×1. 12. 28.

(차) 여비교통비	500	(대) 가지급금	2,000
접 대 비	1,000		
현　　금	500		

(3) 대차대조표 구성항목

㈎ 자산

(당좌자산)

'당좌자산'이란 재고자산에 속하지 않는 유동자산을 말한다.(제7조①) 당좌자산에는 현금및현금성자산, 단기투자자산, 매출채권, 선급비용, 미수수익, 미수금과 선급금 등이 포함된다.(제7조②)

〈당좌자산의 예〉

- 현금및현금성자산: 통화대용증권(예: 통화, 타인발행수표), 당좌예금, 보통예금과 큰 거래비용 없이 현금으로 전환하기 쉽고 이자율 변동에 따른 가치 변동 위험이 적은 금융상품으로서 취득 당시 만기일(또는 상환일)이 3개월 이내인 것을 포함한다.
- 단기투자자산: 금융기관에서 취급하는 정기예금·정기적금, 그 밖에 정형화된 금융상품 등으로 단기적 자금운용 목적으로 소유하거나 만기일(또는 상환일)이 회계연도 말부터 1년 이내인 것과 단기적 자금운용 목적으로 소유한 시장성 있는 지분증권 및 채무증권을 포함한다.
- 매출채권: 일반적 상거래(예: 상품·제품 판매)에서 발생한 외상매출금과 받을어음을 말한다.
- 선급비용: 계속적인 용역 제공 또는 자산 사용의 대가(예: 보험료, 이자, 임차료)로 선급한 금액 중 1년 이내에 비용이 되는 금액을 말한다.
- 미수수익: 기간 경과에 따라 발생하는 이자, 임대료 등의 당기 수익 중 미수액을 말한다.
- 미수금: 일반적 상거래 외의 거래(예: 유형자산·유가증권 처분)에서 발생한 채권을 말한다.
- 선급금: 상품, 원재료 등의 매입을 위하여 선급한 금액을 말한다.

매출채권, 대여금, 미수금, 미수수익 등에 대한 대손충당금은 해당 자산의 차감계정으로 대차대조표에 표시한다.(제7조③)

[사례 4-5] 대손충당금의 표시

매출채권의 취득원가가 1,000원, 대손충당금이 200원, 미수금의 취득원가가 500원, 대손충당금이 100원인 경우 다음과 같이 대차대조표에 표시한다.

당좌자산		×××
매출채권	1,000	
(-) 대손충당금	(200)	
미수금	500	
(-) 대손충당금	(100)	
………	×××	

(재고자산)

'재고자산'이란 일상적인 사업과정에서 판매하기 위하여 보유하거나 생산과정에 있는 자산과 생산 또는 용역 제공 과정에 투입될 자산을 말한다.(제9조①) 재고자산에는 상품, 제품, 반제품, 재공품, 원재료와 저장품 등이 포함된다.(제9조②) (용어 정의는 제6장 '재고자산' 참조)

일상적인 사업과정 | 부동산매매업을 주된 영업으로 하는 회사가 판매하기 위해 소유한 건물은 재고자산으로 분류한다. 반면 제조업을 주된 영업으로 하는 회사가 임대하거나 자가 사용하기 위해 보유한 건물은 유형자산으로 분류한다. 이러한 건물도 매각할 수 있지만 일상적인 사업과정에서 판매하기 위해 보유한 것은 아니기 때문에 재고자산으로 분류하지 않는다.

재고자산평가충당금은 재고자산 각 항목의 차감계정으로 대차대조표에 표시한다.(제9조③)

[사례 4-6] 재고자산의 표시

재고자산 중 취득원가가 5,000원인 상품에서 평가손실이 500원 발생한 경우 다음과 같이 대차대조표에 표시한다.

재고자산		×××
제품	10,000	
상품	5,000	
(-) 재고자산평가충당금	(500)	
………	×××	

(투자자산)

'투자자산'이란 장기적인 투자 수익 등과 같이 주된 영업활동이 아닌 부수적인 활동의 결과로 보유하는 자산을 말한다.(제10조①) 투자자산에는 투자부동산, 장기투자증권과 장기대여금 등이 포함된다.(제10조②)

〈투자자산의 예〉

- 투자부동산: 시세차익을 얻기 위하여 보유하고 있는 토지 · 건물 등의 부동산으로 유형자산 또는 재고자산에 포함되는 부동산은 제외한다.
- 장기투자증권: 당좌자산에 해당하지 아니하는 유가증권을 말한다.
- 장기대여금: 당좌자산에 해당하지 아니하는 대여금을 말한다.

(유형자산)

'유형자산'이란 재화를 생산하거나 용역을 제공하기 위하여, 또는 타인에게 임대하거나 직접 사용하기 위하여 보유한 물리적 형체가 있는 자산으로 1년을 초과하여 사용할 것으로 예상되는 자산을 말한다.(제11조①) 유형자산에는 토지, 건물, 구축물, 기계장치, 차량운반구와 건설중인자산 등이 포함된다.(제11조②) (용어 정의는 제7장 '유형자산' 참조)

유형자산의 감가상각누계액과 손상차손누계액은 유형자산 각 항목의 차감계정으로 대차대조표에 표시한다.(제11조③)

[사례 4-7] 유형자산의 표시

유형자산 중 취득원가가 20,000원인 건물의 감가상각누계액은 2,000원, 취득원가가 20,000원인 기계장치의 감가상각누계액과 손상차손누계액이 각각 5,000원인 경우 다음과 같이 대차대조표에 표시한다.

유형자산		×××
토지	10,000	
건물	20,000	
(-) 감가상각누계액	(2,000)	
기계장치	20,000	
(-) 감가상각누계액	(5,000)	
(-) 손상차손누계액	(5,000)	
………	×××	

(무형자산)

'무형자산'이란 재화를 생산하거나 용역을 제공하기 위하여, 또는 타인에게 임대하거나 직접 사용하기 위하여 보유한, 물리적 형체가 없는 비화폐성자산을 말한다.(제12조①) 무형자산에는 지식재산권, 개발비, 컴퓨터소프트웨어, 광업권, 임차권리금과 영업권 등이 포함된다.(제12조②) (용어 정의는 제8장 '무형자산' 참조)

무형자산은 상각누계액과 손상차손누계액을 취득원가에서 직접 차감한 잔액으로 대차대조표에 표시한다.(제12조③)

[사례 4-8] 무형자산의 표시

무형자산 중 지식재산권의 취득원가는 1,000원, 상각누계액 100원, 손상차손누계액 300원인 경우 다음과 같이 대차대조표에 표시한다.

무형자산		×××
지식재산권	600	
컴퓨터소프트웨어	300	
………	×××	

(기타비유동자산)

'기타비유동자산'이란 투자자산, 유형자산 및 무형자산에 속하지 않는 비유동자산을 말한다.(제13조①) 기타비유동자산에는 임차보증금, 장기매출채권, 장기선급비용과 장기미수금 등이 포함된다.(제13조②)

유동성 대체 | 장기미수금, 장기투자증권 등의 비유동자산 중 회계기간 말부터 1년 이내에 실현되는 부분은 유동자산으로 재분류한다.

(나) 부채

(유동부채)

'유동부채'란 회계연도 말부터 1년 이내에 상환 등을 통하여 소멸할 것으로 예상되는 부채를 말한다.(제14조①) 유동부채에는 단기차입금, 매입채무, 미지급법인세, 미지급비용, 미지급금, 선수금, 선수수익, 예수금과 유동성장기부채 등이 포함된다.(제14조②)

〈유동부채의 예〉

- 단기차입금: 금융기관 당좌차월액과 회계연도 말부터 1년 이내에 상환될 차입금을 포함한다.
- 매입채무: 일반적 상거래(예: 원재료・상품 매입)에서 발생한 외상매입금과 지급어음을 말한다.
- 미지급법인세: 법인세법에 따른 원천징수, 중간예납, 수시부과, 자진신고납부 등으로 이미 납부한 세액이 산출세액보다 작은 경우에는 미지급법인세로 인식한다(큰 경우에는 미수법인세환급액으로 인식한다).
- 미지급비용: 기간이 경과되어 보험료, 이자, 임차료 등의 비용이 발생하였으나 약정된 지급일이 되지 않아 지급하지 아니한 금액을 말한다.
- 미지급금: 일반적 상거래 외의 거래(예: 유형자산・유가증권 구입)에서 발생한 채무(미지급비용 제외)를 말한다.
- 선수금: 수주공사, 수주품 및 그 밖의 일반적 상거래에서 발생한 선수액을 말한다.
- 선수수익: 이자, 임대료 등으로 받은 금액 중 기간 경과에 따라 회계연도 말부터 1년 이내에 수익이 되는 금액을 말한다.

- 예수금: 일반적 상거래 외의 거래에서 발생한 일시적 예수액을 말한다.
- 유동성장기부채: 비유동부채 가운데 회계연도 말부터 1년 이내에 상환 등을 통해 소멸할 것을 말한다.

[사례 4-9] 예수금의 회계처리

종업원에게 급여를 지급할 때 소득세, 지방소득세, 건강보험료, 고용보험료, 국민연금 등을 회사가 징수하고 추후 해당 금액을 납부하는 경우 다음과 같이 회계처리한다.

① 급여 지급 시

(차) 급 여	1,000	(대) 현 금	850
		예 수 금	150

② 예수금 납부 시

(차) 예 수 금	150	(대) 현 금	150

(비유동부채)

'비유동부채'란 유동부채를 제외한 모든 부채를 말한다.(제15조①) 비유동부채에는 장기매입채무, 사채, 장기차입금과 퇴직급여충당부채 등이 포함된다.(제15조②)

유동성 대체 | 비유동부채 가운데 회계연도 말부터 1년 이내에 자원의 유출이 예상되는 부분은 유동부채로 재분류한다.

㈐ 자본

(자본금)

'자본금'이란 상법 제451조에 따른 자본금을 말한다.(제19조)

[참고] 자본금 관련 상법 규정

제451조(자본금) ① 회사의 자본금은 이 법에서 달리 규정한 경우 외에는 발행주식의 액면총액으로 한다.
② 회사가 무액면주식을 발행하는 경우 회사의 자본금은 주식 발행가액의 2분의 1 이상의 금액으로서 이사회(제416조 단서에서 정한 주식발행의 경우에는 주주총회를 말한다)에서 자본금으로 계상하기로 한 금액의 총액으로 한다. 이 경우 주식의 발행가액 중 자본금으로 계상하지 아니하는 금액은 자본준비금으로 계상하여야 한다.
③ 회사의 자본금은 액면주식을 무액면주식으로 전환하거나 무액면주식을 액면주식으로 전환함으로써 변경할 수 없다.

우선주 | 자본금은 보통주자본금과 우선주자본금으로 구분하여 표시한다. 보통주와 우선주는 배당금 지급 및 청산시의 권리가 다르기 때문이다.

(자본잉여금)

'자본잉여금'이란 주주와의 자본거래에서 발생하여 자본을 증가시키는 잉여금을 말한다.(제20조①) 자본잉여금에는 주식발행초과금, 자기주식처분이익과 감자차익 등이 포함된다.(제20조②) (용어 정의는 제15장 '자본거래' 참조)

(자본조정)

'자본조정'이란 자본거래에 해당하지만 자본금 또는 자본잉여금으로 분류할 수 없는 항목과 당기에 손익으로 인식되지 않은 평가차손익의 누계액을 말한다.(제21조①) 자본조정에는 자기주식, 주식할인발행차금, 감자차손, 자기주식처분손실, 해외사업환산손익 등이 포함된다.(제21조②) (용어 정의는 제15장 '자본거래' 참조)

(이익잉여금 또는 결손금)

이익잉여금(또는 결손금)이란 손익계산서에 보고된 손익에 다른 자본항목에서 이입된 금액을 가산한 금액에서 주주에 대한 배당, 자본금 전입과 자본조정 항목의 상각 등으로 처분된 금액을 차감한 잔액을 말한다.(제22조)

[예시 4-1] **대차대조표**

대차대조표

제12기 20×2년 12월 31일 현재
제11기 20×1년 12월 31일 현재

주식회사 중소제과 (단위 : 원)

과 목	당 기		전 기	
자 산				
유동자산		533,347		465,262
당좌자산		243,540		174,258
현금및현금성자산	20,900		9,860	
단기투자자산	38,500		5,370	
매출채권	134,500		131,700	
(-) 대손충당금	(500)		(103)	
선급비용	19,000		18,069	
미수금	21,550		9,250	
(-) 대손충당금	(650)		(248)	
선급금	10,240		360	
재고자산		289,807		291,004
제품	268,700		272,450	
재공품	15,178		13,900	
원재료	450		479	
저장품	5,479		4,175	
비유동자산		3,304,857		2,873,296
투자자산		38,570		35,231
장기대여금	38,570		35,231	
유형자산		3,183,247		2,756,309
토지	986,000		845,000	
건물	2,292,966		1,968,800	
(-) 감가상각누계액	(429,473)		(347,118)	
기계장치	481,306		416,000	
(-) 감가상각누계액	(150,554)		(129,392)	
차량운반구	8,213		7,555	
(-) 감가상각누계액	(5,211)		(4,536)	
무형자산		59,936		61,654
지식재산권	1,066		1,094	
개발비	58,253		59,820	
컴퓨터소프트웨어	617		740	

기타비유동자산		23,104		20,102
임차보증금	6,864		6,662	
장기선급비용	16,240		13,440	
자산총계		3,838,204		3,338,558
부　채				
유동부채		1,230,918		974,087
단기차입금	415,420		359,621	
매입채무	594,870		419,793	
미지급법인세	98,359		86,190	
미지급비용	112,647		103,288	
선수금	9,622		5,195	
비유동부채		1,433,750		1,408,840
사채	449,047		547,393	
장기차입금	743,053		650,886	
퇴직급여충당부채	241,650		210,561	
부채총계		2,664,668		2,382,927
자　본				
자본금		98,000		98,000
보통주자본금	94,000		94,000	
우선주자본금	4,000		4,000	
자본잉여금		178,360		128,360
주식발행초과금	93,000		93,000	
자기주식처분이익	50,000		–	
감자차익	35,360		35,360	
자본조정		–		(50,000)
자기주식	–		(50,000)	
이익잉여금		897,176		779,271
법정적립금	27,700		25,300	
임의적립금	300,280		245,130	
미처분이익잉여금	569,196		508,841	
자본총계		1,173,536		955,631
부채 및 자본 총계		3,838,204		3,338,558

이 대차대조표는 중소기업회계기준에 따라 작성되었습니다.

4 손익계산서

(1) 정의

손익계산서는 한 회계연도의 회사의 경영성과에 대한 정보를 제공하는 재무보고서이다.(제23조①)

(2) 손익계산서의 구성항목

(매출액)
'매출액'이란 회사의 주된 영업활동에서 발생한 제품, 상품 또는 용역 등의 총매출액에서 매출에누리, 매출할인과 매출환입을 차감한 금액을 말한다. 이 경우 일정 기간의 거래수량 또는 거래금액에 따라 매출액을 실질적으로 감소시키는 것은 매출에누리에 포함한다.(제26조)

(매출원가)
'매출원가'란 제품, 상품 또는 용역 등의 매출액에 직접 대응되는 원가를 말한다.(제27조①)

제품매출원가 · 상품매출원가 | 제품을 판매하는 경우 매출원가는 기초제품재고액에 당기제품제조원가를 가산하고 기말제품재고액을 차감하여 산출한다. 상품을 판매하는 경우 매출원가는 기초상품재고액에 당기상품매입액을 가산하고 기말상품재고액을 차감하여 산출한다. 당기상품매입액은 상품의 총매입액에서 매입할인, 매입환출, 매입에누리 등을 차감한 금액으로 한다. 생산, 판매 또는 매입 외의 사유로 제품이나 상품에 증감액이 있으면 이를 매출원가의 계산에 반영한다.

재고자산의 순실현가능가치(일상적인 사업과정의 추정판매가격에서 판매할 때까지 발생하는 추정원가를 차감한 금액을 말한다. 이하 같다)가 장부금액보다 하락하여 발생한 평가손실은 매출원가에 가산한다.(제27조②) 재고자산의 평가손실환입은 최초 장부금액을 초과하지 않는 범위로 한정하고, 매출원가에서 차감한다.(제27조③)

재고자산의 장부 수량과 실제 수량의 차이에서 발생하는 재고자산감모손실 가운데 정상적으로 발생한 부분은 매출원가에 가산한다.(제27조④)

(매출총이익)

매출총이익(또는 손실)은 매출액에서 매출원가를 차감하여 산출한다.(제28조)

(판매비와관리비)

'판매비와관리비'란 제품, 상품 또는 용역 등의 판매활동과 회사의 관리활동에서 발생하는 비용을 말하며, 매출원가에 속하지 아니하는 모든 영업비용이 포함된다.(제29조①) 판매비와관리비에는 급여, 퇴직급여, 복리후생비, 임차료, 접대비, 감가상각비, 무형자산상각비, 세금과공과, 광고선전비, 연구비, 경상개발비와 대손상각비 등이 포함된다.(제29조②)

당기 비용의 구분 | 재고자산 등 자산의 원가에 포함되지 않은 급여, 퇴직급여, 복리후생비, 임차료, 감가상각비, 무형자산상각비 등은 판매비와관리비로 분류한다.

영업활동과 관련된 비용이 감소하여 발생하는 퇴직급여충당부채환입과 대손충당금환입 등은 판매비와관리비의 부(-)의 금액으로 표시한다.(제29조③)

판매비와관리비의 부(-)의 금액 | 퇴직급여충당부채나 대손충당금을 설정하였을 때 관련된 비용(퇴직급여, 대손상각비)이 판매비와관리비로 분류된 경우 해당 금액이 감소할 때 이익은 판매비와관리비의 부(-)의 금액으로 표시한다.

[설정]	(차) 대손상각비	1,000	(대) 대손충당금	1,000
[환입]	(차) 대손충당금	500	(대) 대손충당금환입	500

연구단계와 개발단계에서 발생한 지출은 발생한 회계연도에 판매비와관리비로 인식한다. 다만, 개발단계에서 발생한 지출이 제6조제3항제1호 자산의 정의와, 같은 조 제4항제1호 자산의 인식 조건을 모두 충족한다면 무형자산의 개발비로 인식한다.(제29조④)

개발비 | 개발단계에서 발생한 지출이 다음을 모두 충족한다면 자산의 정의와 인식 조건을 충족한다고 본다.

① 개발단계에서 발생한 지출을 신뢰성 있게 구분하여 측정할 수 있다.

② 무형자산을 완성시킬 수 있는 기술의 실현 가능성과 이를 사용·판매하려는 회사의 의도를 제시할 수 있다.

③ 무형자산 또는 이를 사용한 제품·용역 시장의 존재, 내부적으로 사용되는 경우 유용성 등을 제시할 수 있다.

④ 무형자산의 개발 완료, 사용·판매하는 데 필요한 자원(기술, 금전 등)을 충분히 확보하고 있다는 사실을 제시할 수 있다.

(영업이익)

영업이익(또는 손실)은 매출총이익(또는 손실)에서 판매비와관리비를 차감하여 산출한다.(제30조)

(영업외수익)

'영업외수익'이란 회사의 주된 영업활동이 아닌 활동에서 발생한 수익과 차익을 말한다.(제31조①) 영업외수익에는 이자수익, 배당금수익(주식배당액은 제외한다), 임대료, 단기투자자산처분이익, 단기투자자산평가이익, 외환차익, 외화환산이익, 장기투자증권손상차손환입, 유형자산처분이익, 사채상환이익과 전기오류수정이익 등이 포함된다.(제31조②)

주식배당 | 주식배당을 하는 경우 자본은 증가하지 않고 발행주식수만 늘어난다. 따라서 주식으로 배당받은 주주도 별도로 수익을 인식하지 않는 것이다.

(영업외비용)

'영업외비용'이란 회사의 주된 영업활동이 아닌 활동에서 발생한 비용과 차손을 말한다.(제32조①) 영업외비용에는 이자비용, 기타대손상각비, 단기투자자산처분손실, 단기투자자산평가손실, 재고자산감모손실(비정상적으로 발생한 부분에 한정한다), 외환차손, 외화환산손실, 기부금, 장기투자증권손상차손, 유형자산처분손실, 사채상환손실과 전기오류수정손실 등이 포함된다.(제32조②)

유사 금융업 | 금융업과 유사한 업무를 주된 영업으로 하는 회사는 이자수익, 배당금수익, 단기투자자산처분손익, 단기투자자산평가손익, 외환차손익, 외화환산손익, 장기투자증권손상차손, 장기투자증권손상차손환입, 사채상환손익도 영업수익(또는 비용)에 포함할 수 있다.

(법인세비용차감전순이익)
법인세비용차감전순이익(또는 손실)은 영업이익(또는 손실)에 영업외수익을 가산하고 영업외비용을 차감하여 산출한다.(제33조)

(법인세비용)
'법인세비용'이란 법인세법에 따라 납부하여야 할 금액인 법인세와 이에 부가되는 세액을 말하며, 과거 회계연도와 관련된 법인세 추납액 또는 환급액도 포함한다.(제34조)

법인세비용 | 법인세비용은 해당 회계연도 분의 과세소득에 대한 법인세, 법인세분지방소득세(舊 법인세할주민세)와 법인세 추납액에서 법인세 환급액을 차감하여 산출한다. 법인세 추납액은 과거 회계연도 분의 과세소득에 대해 세무조사 등으로 추징되는 세액을 말한다.

(당기순이익)
당기순이익(또는 손실)은 법인세비용차감전순이익(또는 손실)에서 법인세비용을 차감하여 산출한다.(제35조)

(3) 손익계산서 작성기준

손익계산서에는 그 회계연도에 속하는 모든 수익과 이에 대응하는 모든 비용을 적정하게 표시한다.(제23조②)

손익계산서는 다음 각 호에 따라 작성한다. [별지 제2호 서식 참조](제23조③)

1. 모든 수익과 비용은 그것이 발생한 회계연도에 배분되도록 회계처리한다. 이 경

우 발생한 원가가 자산으로 인식되는 경우를 제외하고는 비용으로 인식한다.

[사례 4-10] 원가의 자산, 비용 분류

㈜중소전자는 20×1년도에 종업원이 제공한 근무용역에 대해 10,000원을 지급해야 한다. 해당 연도 말까지 8,000원을 현금으로 지급하였고 20×2년 1월 말까지 나머지 2,000원을 지급해야 한다. 발생한 급여 중 80%는 제조부문, 20%는 판매부문 종업원의 근무용역과 관련되는 금액이다.

(차) 급 여	10,000	(대) 현 금	8,000
		미지급비용	2,000
(차) 재고자산	8,000	(대) 급 여	8,000

급여 2,000원은 판매비와관리비로 분류된다.

2. 수익과 비용은 그 발생 원천에 따라 명확하게 분류하고, 수익항목과 이에 관련되는 비용항목은 대응하여 표시한다.

대응 표시의 예 | 매출액과 매출원가는 손익계산서에 다음과 같이 대응하여 표시한다.

매출액		×××
매출원가		×××
기초제품재고액	×××	
당기제품제조원가	×××	
기말제품재고액	(×××)	
매출총이익		×××

3. 수익과 비용은 총액으로 표시하는 것을 원칙으로 한다. 다만, 중소기업회계기준에서 수익과 비용을 상계하도록 요구하는 경우에는 상계하여 표시하고, 허용하는 경우에는 수익과 비용을 상계하여 표시할 수 있다.

상계 요구의 예 | 수익과 비용을 상계하도록 요구하는 규정의 예로는 제50조(정부

보조금과 공사부담금) 제2항제2호와 제3항제2호를 들 수 있다. 자산 취득과 관련된 정부보조금은 관련 자산의 내용연수에 걸쳐 (감가)상각금액과 상계하고, 특정 비용을 보전할 목적으로 지급된 정부보조금은 해당 비용과 상계한다.

4. 손익계산서는 다음 각 목과 같이 구분하여 표시한다. 다만, 제조업, 판매업 및 건설업 외의 회사는 매출총이익(또는 손실)을 구분하여 표시하지 아니할 수 있다.
가. 매출액
나. 매출원가
다. 매출총이익(또는 손실)
라. 판매비와관리비
마. 영업이익(또는 손실)
바. 영업외수익
사. 영업외비용
아. 법인세비용차감전순이익(또는 손실)
자. 법인세비용
차. 당기순이익(또는 손실)

유사 금융업 | 금융업과 유사한 업무를 주된 영업으로 하는 회사는 그러한 업무의 특성을 고려하여 대차대조표와 손익계산서의 구성요소를 다음과 같이 구분할 수 있다.

〈대차대조표〉

자 산	부 채
현금및예치금	예수부채
유가증권	차입부채
대출채권	기타부채
유형자산	**자 본**
기타자산	자본금
	자본잉여금
	자본조정
	이익잉여금

〈손익계산서〉

영업수익
영업비용
영업이익(또는 영업손실)
영업외수익
영업외비용
법인세차감전순이익(또는 법인세차감전순손실)
법인세비용
당기순이익(또는 당기순손실)

이러한 회사의 손익계산서에서는 매출총이익을 별도로 구분하지 않고 영업수익,

영업비용과 영업이익 순으로 표시한다. 이 경우 영업수익은 이자수익, 유가증권평가 및 처분이익, 대출채권평가 및 처분이익, 외환거래이익, 수수료수익, 신탁업무운용수익, 배당금수익으로 구분하여 표시한다. 영업비용은 이자비용, 유가증권평가 및 처분손실, 대출채권평가 및 처분손실, 외환거래손실, 수수료비용, 신탁업무운용손실, 판매비와관리비로 구분하여 표시한다.

[예시 4-2] **손익계산서**

손익계산서

제15기 20×2년 1월 1일부터 20×2년 12월 31일까지
제14기 20×1년 1월 1일부터 20×1년 12월 31일까지

주식회사 중소유통 (단위 : 원)

과 목	당 기		전 기	
매출액		1,001,800		889,105
매출원가		666,570		603,379
기초상품재고액	27,240		19,937	
당기상품매입액	666,200		610,646	
기말상품재고액	(26,870)		(27,204)	
매출총이익		335,230		285,726
판매비와관리비		130,987		111,777
급여	47,569		40,423	
퇴직급여	4,851		4,626	
복리후생비	6,085		5,240	
임차료	9,326		7,994	
감가상각비	30,042		21,936	
무형자산상각비	364		418	
세금과공과	10,330		9,839	
광고선전비	21,020		20,014	
대손상각비	1,400		1,287	
영업이익		204,243		173,949
영업외수익		18,036		2,657
이자수익	780		828	
임대료	596		788	
단기투자자산평가이익	495		887	
외화환산이익	14,135		21	

유형자산처분이익	1,577		133	
전기오류수정이익	453			
영업외비용		19,773		17,242
이자비용	18,030		16,658	
기타대손상각비	427		150	
외환차손	135		–	
기부금	523		434	
장기투자증권손상차손	320		–	
사채상환손실	338		–	
법인세비용차감전순이익		202,506		159,364
법인세비용		26,326		20,717
당기순이익		176,180		138,647

이 손익계산서는 중소기업회계기준에 따라 작성되었습니다.

5 자본변동표

(1) 정의

자본변동표는 자본의 크기와 그 변동에 관한 정보를 제공하는 재무보고서이다.(제52조①)

(2) 자본변동표 작성기준

자본변동표에는 자본의 각 항목별로 다음 각 호와 같이 구분하여 기초 잔액, 변동사항과 기말 잔액을 표시한다. [별지 제3호 서식 참조](제52조②)

1. *자본금의 변동: 유상증자(감자), 무상증자(감자)와 주식배당 등에 의하여 발생한다.*
2. *자본잉여금의 변동: 유상증자(감자), 무상증자(감자), 결손금처리 등에 의하여 발생하며, 주식발행초과금과 기타자본잉여금으로 구분하여 표시한다.*
3. *자본조정의 변동: 자기주식은 구분하여 표시하고, 기타자본조정은 통합하여 표시*

할 수 있다.

4. 이익잉여금의 변동: 연차배당(현금배당과 주식배당으로 구분한다), 중간배당, 그 밖의 전기 말 미처분이익잉여금의 처분 및 당기순이익(또는 당기순손실)으로 구분하여 표시한다.

[예시 4-3] **자본변동표**

자본변동표

제2기 20×2년 1월 1일부터 20×2년 12월 31일까지
제1기 20×1년 1월 1일부터 20×1년 12월 31일까지

주식회사 중소전자 (단위 : 원)

구 분	자본금	자본 잉여금	자본 조정	이익 잉여금	총 계
20×1. 1. 1(보고금액)	1,000,000	–	–	250,000	1,250,000
연차배당				(10,000)	(10,000)
처분후 이익잉여금				240,000	1,240,000
중간배당				(10,000)	(10,000)
유상증자	500,000	250,000			750,000
당기순이익				294,400	294,400
해외사업환산손익			(30,000)		(30,000)
20×1.12.31	1,500,000	250,000	(30,000)	524,400	2,244,400
20×2. 1. 1(보고금액)	1,500,000	250,000	(30,000)	524,400	2,244,400
연차배당				(50,000)	(50,000)
처분후 이익잉여금				474,400	2,194,400
중간배당				(30,000)	(30,000)
당기순이익				388,640	388,640
자기주식 취득			(18,000)		(18,000)
20×2.12.31	1,500,000	250,000	(48,000)	833,040	2,535,040

이 자본변동표는 중소기업회계기준에 따라 작성되었습니다.

6 이익잉여금처분계산서 및 결손금처리계산서

(1) 이익잉여금처분계산서

(가) 정의

이익잉여금처분계산서는 이익잉여금의 처분사항을 보고하는 재무보고서이다.(제53조①)

(나) 이익잉여금처분계산서 작성기준

이익잉여금처분계산서는 미처분이익잉여금, 임의적립금등의 이입액, 이익잉여금처분액 및 차기이월미처분이익잉여금으로 다음 각 호와 같이 구분하여 표시한다. [별지 제4호 서식 참조] (제53조②)

1. 미처분이익잉여금: 전기이월미처분이익잉여금(또는 전기이월미처리결손금)에 중간배당액 및 당기순이익(또는 당기순손실) 등을 차감하거나 가산한 금액으로 한다.

2. 임의적립금등의 이입액: 임의적립금 등을 이입하여 당기의 이익잉여금처분에 충당하는 경우에는 그 금액을 미처분이익잉여금에 가산하는 형식으로 표시한다.

3. 이익잉여금처분액: 이익잉여금의 처분은 다음 각 목의 항목으로 구분하여 표시한다.

가. 이익준비금

나. 기타법정적립금

다. 이익잉여금처분에 의한 상각 등: 주식할인발행차금상각, 자기주식처분손실잔액 등으로 구분한다.

라. 배당금: 당기에 처분할 배당액을 현금배당과 주식배당으로 구분하여 표시한다.

마. 임의적립금

4. 차기이월미처분이익잉여금: 미처분이익잉여금과 임의적립금이입액의 합계에서 이익잉여금처분액을 차감한 금액으로 한다.

[예시 4-4] 이익잉여금처분계산서

이익잉여금처분계산서

제2기	20×2년 1월 1일부터 20×2년 12월 31일까지	제1기	20×1년 1월 1일부터 20×1년 12월 31일까지
처분예정일	20×3년 2월 28일	처분확정일	20×2년 2월 28일

주식회사 중소금속 (단위 : 원)

구 분	당 기		전 기	
미처분이익잉여금		503,040		294,400
전기이월미처분이익잉여금	144,400		–	
중간배당액	(30,000)		–	
당기순이익	388,640		294,400	
임의적립금등의이입액		–		–
합 계		503,040		294,400
이익잉여금처분액		300,000		150,000
이익준비금	100,000		50,000	
배당금	100,000		50,000	
현금배당				
주당배당금(률) 보통주: 당기 500원(10%) 전기 250원(5%)				
임의적립금	100,000		50,000	
차기이월미처분이익잉여금		203,040		144,400

이 이익잉여금처분계산서는 중소기업회계기준에 따라 작성되었습니다.

(2) 결손금처리계산서

㈎ 정의

결손금처리계산서는 결손금의 처리사항을 보고하는 재무보고서이다.(제54조①)

㈏ 결손금처리계산서 작성기준

결손금처리계산서는 미처리결손금, 결손금처리액, 차기이월미처리결손금으로 다음 각 호와 같이 구분하여 표시한다. [별지 제5호 서식 참조] (제54조②)

1. 미처리결손금: 전기이월미처리결손금(또는 전기이월미처분이익잉여금)에 중간배당액 및 당기순이익(또는 당기순손실) 등을 차감하거나 가산한 금액으로 한다.

2. 결손금처리액: 임의적립금이입액, 기타법정적립금이입액, 이익준비금이입액, 자본잉여금이입액으로 구분하여 표시한다.

3. 차기이월미처리결손금: 미처리결손금에서 결손금처리액을 차감한 금액으로 한다.

[예시 4-5] **결손금처리계산서**

결손금처리계산서

제12기	20×2년 1월 1일부터 20×2년 12월 31일까지	제11기	20×1년 1월 1일부터 20×1년 12월 31일까지
처리예정일	20×3년 2월 28일	처리확정일	20×2년 2월 28일

주식회사 중소부품 (단위 : 원)

구 분	당 기		전 기	
미처리결손금		194,000		381,600
전기이월미처리결손금	81,600		355,400	
당기순손실	112,400		26,200	
결손금처리액		–		300,000
자본잉여금이입액	–		300,000	
차기이월미처리결손금		194,000		81,600

이 결손금처리계산서는 중소기업회계기준에 따라 작성되었습니다.

7 주석

(1) 정의

'주석'이란 대차대조표 · 손익계산서와 자본변동표 또는 이익잉여금처분계산서(또는 결손금처리계산서)에 표시된 항목을 구체적으로 설명하거나 세분화하는 정보와 해당 재무제표의 인식 조건을 충족하지 못하는 항목에 대해 추가적으로 제공하는 정보를 말한다.(제55조)

(2) 주석 기재 사항

다음 각 호의 사항을 기재하는 것은 의무는 아니나 중소기업회계기준에서 정보이용자에게 유용한 최소한의 정보로 예시하고 있는 주석 기재 사항이다.(제56조)

1. *중소기업회계기준에 따라 재무제표를 작성하였다는 사실*
2. *중소기업회계기준에서 둘 이상의 회계정책 가운데 하나를 선택할 수 있게 하는 경우, 적용된 회계정책*
3. *회계정책의 변경과 오류수정의 내용*
4. *매입채무, 차입금, 사채, 미지급금 등 현금 등으로 상환하여야 하는 부채의 주요 내용*
5. *제공한 담보 · 보증의 주요 내용*
6. *특수관계인(법인세법 시행령 제87조의 정의에 따른다)과의 중요한 거래의 내용*
7. *타인으로부터 제기된 회계연도 말 현재 진행 중인 소송 사건의 내용, 소송금액, 진행 상황 등*
8. *매출채권 등을 양도한 경우, 만기가 도래하지 않은 부분의 금액과 양도의 조건*
9. *정부보조금 또는 공사부담금을 관련 자산에서 직접 차감한 경우 해당 회계연도에 수령한 정부보조금 또는 공사부담금의 금액 및 관련 내용*
10. *대차대조표, 손익계산서, 자본변동표 또는 이익잉여금처분계산서(또는 결손금처리계산서)의 본문에 표시되지 않는 사항으로서 재무제표를 이해하는 데 필요한 추가 정보*

[사례 4-11] 주석 사례

① 둘 이상의 회계정책 가운데 하나를 선택할 수 있게 하는 경우, 적용된 회계정책

☞ 회사는 기계장치의 감가상각방법으로 정액법을 적용하고 있습니다.

② 회계정책의 변경과 오류수정의 내용

☞ 회사는 해당 회계연도부터 차량의 감가상각방법을 정률법에서 정액법으로 변경하고, 그 변경 효과를 전진적으로 회계처리하였습니다. 이러한 감가상각방법의 변경은 자산의 경제적 효익이 소멸되는 형태를 반영하는 더 신뢰성 있고 목적적합한 정보를 제공하는 경우에 해당합니다.

☞ 회사는 전기 재무제표에 임직원 성과급 4,000원이 비용과 부채로 인식되지 않은 것을 회계연도 중에 발견하여 당기 영업외비용의 전기오류수정손실로 계상하였습니다.

③ 현금 등으로 상환하여야 하는 부채의 주요 내용

☞ 현금 등으로 상환하여야 하는 부채의 종류별 잔존 만기 분석은 다음과 같습니다.

부채의 분류	회계연도 말 기준 잔존 만기별 금액		
	1년 이내	1년 초과 3년 이내	3년 초과
매입채무	50,000원	10,000원	5,000원
차입금	–	10,000원	50,000원

☞ 현금 등으로 상환하여야 하는 주요 부채의 내용은 다음과 같습니다.

종 류	발행일	만기일	유효이자율	당기 말 잔액
무보증사모사채	20×1. 2. 9	20×4. 2. 9	6%	10,000원
유동성장기차입금	–	–	3.25～7%	3,000원
장기차입금	–	–	3.25～7%	15,000원

④ 제공한 담보・보증의 주요 내용

☞ 회계연도 말 현재 회사는 ㈜D전자의 차입금 10,000원에 대해 지급보증하고 있습니다. ㈜D전자가 20×1년 12월 1일에 회생절차 개시를 신청함에 따라 회사가 ㈜D전자를 대신하여 해당 차입금 전액을 변제할 가능성이 매우 높다고 판단하여 지급보증금액 10,000원을 지급보증충당부채로 계상하고 있습니다.

⑤ 특수관계인과의 중요한 거래의 내용

☞ 회사는 20×2년 6월 30일 최대주주이자 대표이사인 홍길동 씨에게서 토지를 60,000원에 매입하였습니다. 회계연도 말 현재 매입금액 중 50,000원이 미지급금으로 계상되어 있습니다.

⑥ 타인으로부터 제기된 회계연도 말 현재 진행 중인 소송 사건의 내용, 소송금액, 진행 상황 등

☞ 회계연도 말 현재 회사가 피고로 계류 중인 소송사건은 제품하자와 관련된 손해배상 1건이며, 소송금액은 20,000원입니다. 회계연도 말 현재 1심에서는 회사가 원고에게 10,000원을 배상할 의무가 있다고 판결하였으며, 이에 대해 회사는 항소를 진행 중입니다. 회사는 이 소송사건의 결과가 재무제표에 중대한 영향을 미칠 것으로 판단하여, 손해배상 금액 10,000원을 소송충당부채로 계상하고 있습니다.

⑦ 매출채권 등을 양도한 경우, 만기가 도래하지 않은 부분의 금액과 양도의 조건

☞ 회사는 회계연도 중 매출채권 15,000원을 H은행에서 할인받았습니다. 회계연도 말 현재 해당 매출채권의 내용은 다음과 같습니다.

청구권자	내 용	금 액
H은행	만기 미도래 금액	10,000원
	변제 예상 금액	5,000원

⑧ 정부보조금 또는 공사부담금을 관련 자산에서 직접 차감한 경우 해당 회계연도에 수령한 정부보조금 또는 공사부담금의 금액 및 관련 내용

☞ 회사가 회계연도 중에 수령한 정부보조금은 2,000원이며 이 금액은 기계장치A의 취득에 사용하였습니다.

[참고] 법인세법 시행령의 특수관계인 정의

제87조(특수관계인의 범위) ① 법 제52조제1항에서 "대통령령으로 정하는 특수관계인"이란 법인과 다음 각 호의 어느 하나의 관계에 있는 자(이하 "특수관계인"이라 한다)를 말한다. 이 경우 본인도 「국세기본법」 제2조제20호 각 목 외의 부분 후단에 따라 특수관계인의 특수관계인으로 본다. 〈개정 2001.12.31, 2002.12.30, 2005.2.19, 2011.6.3, 2012.2.2〉

1. 임원의 임면권의 행사, 사업방침의 결정 등 당해 법인의 경영에 대하여 사실상 영향력을 행사하고 있다고 인정되는 자(「상법」 제401조의2제1항의 규정에 의하여 이사로 보는 자를 포함한다)와 그 친족
2. 주주등(소액주주등을 제외한다. 이하 이 관에서 같다)과 그 친족
3. 법인의 임원·사용인 또는 주주등의 사용인(주주등이 영리법인인 경우에는 그 임원

을, 비영리법인인 경우에는 그 이사 및 설립자를 말한다)이나 사용인외의 자로서 법인 또는 주주등의 금전 기타 자산에 의하여 생계를 유지하는 자와 이들과 생계를 함께 하는 친족

4. 해당 법인이 직접 또는 그와 제1호부터 제3호까지의 관계에 있는 자를 통하여 어느 법인의 경영에 대하여 지배적인 영향력을 행사하고 있는 경우 그 법인
5. 해당 법인이 직접 또는 그와 제1호부터 제4호까지의 관계에 있는 자를 통하여 어느 법인의 경영에 대하여 지배적인 영향력을 행사하고 있는 경우 그 법인
6. 당해 법인에 100분의 30 이상을 출자하고 있는 법인에 100분의 30 이상을 출자하고 있는 법인이나 개인
7. 당해 법인이 「독점규제 및 공정거래에 관한 법률」에 의한 기업집단에 속하는 법인인 경우 그 기업집단에 소속된 다른 계열회사 및 그 계열회사의 임원
8. 삭제 〈2012.2.2〉

② 제1항제4호 및 제5호에 따른 지배적인 영향력을 행사하고 있는지 여부는 「국세기본법 시행령」 제1조의2제4항에 따른다. 〈신설 2012.2.2〉

[별지 제1호 서식]

대차대조표

제×기 20××년 ×월 ×일 현재
제×기 20××년 ×월 ×일 현재

회사명 (단위 : 원)

구 분	당 기		전 기	
자 산				
유동자산		×××		×××
당좌자산		×××		×××
현금및현금성자산	×××		×××	
단기투자자산	×××		×××	
매출채권	×××		×××	
(-) 대손충당금	(×××)		(×××)	
선급비용	×××		×××	
미수수익	×××		×××	
미수금	×××		×××	
(-) 대손충당금	(×××)		(×××)	
선급금	×××		×××	
......	×××		×××	
재고자산		×××		×××
상품	×××		×××	
제품	×××		×××	
재공품	×××		×××	
원재료	×××		×××	
저장품	×××		×××	
......	×××		×××	
비유동자산		×××		×××
투자자산		×××		×××
투자부동산	×××		×××	
장기투자증권	×××		×××	
장기대여금	×××		×××	
......	×××		×××	
유형자산		×××		×××
토지	×××		×××	
건물	×××		×××	
(-) 감가상각누계액	(×××)		(×××)	

구축물	×××		×××	
(-) 감가상각누계액	(×××)		(×××)	
기계장치	×××		×××	
(-) 정부보조금	(×××)		(×××)	
(-) 감가상각누계액	(×××)		(×××)	
차량운반구	×××		×××	
(-) 감가상각누계액	(×××)		(×××)	
건설중인자산	×××		×××	
……	×××		×××	
무형자산		×××		×××
지식재산권	×××		×××	
개발비	×××		×××	
컴퓨터소프트웨어	×××		×××	
광업권	×××		×××	
임차권리금	×××		×××	
영업권	×××		×××	
……	×××		×××	
기타비유동자산		×××		×××
임차보증금	×××		×××	
장기매출채권	×××		×××	
장기선급비용	×××		×××	
장기미수금	×××		×××	
……	×××		×××	
자산총계		×××		×××
부　채				
유동부채		×××		×××
단기차입금	×××		×××	
매입채무	×××		×××	
미지급법인세	×××		×××	
미지급비용	×××		×××	
미지급금	×××		×××	
선수금	×××		×××	
선수수익	×××		×××	
예수금	×××		×××	
유동성장기부채	×××		×××	
……	×××		×××	

비유동부채		×××		×××
장기매입채무	×××		×××	
사채	×××		×××	
장기차입금	×××		×××	
퇴직급여충당부채	×××		×××	
……	×××		×××	
부채총계		×××		×××
자 본				
자본금		×××		×××
보통주자본금	×××		×××	
우선주자본금	×××		×××	
자본잉여금		×××		×××
주식발행초과금	×××		×××	
자기주식처분이익	×××		×××	
감자차익	×××		×××	
……	×××		×××	
자본조정		×××		×××
주식할인발행차금	×××		×××	
자기주식	×××		×××	
자기주식처분손실	×××		×××	
감자차손	×××		×××	
……	×××		×××	
이익잉여금(또는 결손금)		×××		×××
법정적립금	×××		×××	
임의적립금	×××		×××	
미처분이익잉여금 (또는 미처리결손금)	×××		×××	
자본총계		×××		×××
부채 및 자본 총계		×××		×××

이 대차대조표는 중소기업회계기준에 따라 작성되었습니다.

[별지 제2호 서식]

손익계산서

제×기 20××년 ×월 ×일부터 20××년 ×월 ×일까지
제×기 20××년 ×월 ×일부터 20××년 ×월 ×일까지

회사명 (단위 : 원)

과 목	당 기		전 기	
매출액		×××		×××
매출원가		×××		×××
기초제품(또는 상품)재고액	×××		×××	
당기제품제조원가 (또는 당기상품매입액)	×××		×××	
기말제품(또는 상품)재고액	(×××)		(×××)	
매출총이익(또는 매출총손실)		×××		×××
판매비와관리비		×××		×××
급여	×××		×××	
퇴직급여	×××		×××	
복리후생비	×××		×××	
임차료	×××		×××	
접대비	×××		×××	
감가상각비	×××		×××	
무형자산상각비	×××		×××	
세금과공과	×××		×××	
광고선전비	×××		×××	
연구비	×××		×××	
경상개발비	×××		×××	
대손상각비	×××		×××	
......	×××		×××	
영업이익(또는 영업손실)		×××		×××
영업외수익		×××		×××
이자수익	×××		×××	
배당금수익	×××		×××	
임대료	×××		×××	
단기투자자산처분이익	×××		×××	
단기투자자산평가이익	×××		×××	

과목				
외환차익	×××		×××	
외화환산이익	×××		×××	
장기투자증권손상차손환입	×××		×××	
유형자산처분이익	×××		×××	
사채상환이익	×××		×××	
전기오류수정이익	×××		×××	
……	×××		×××	
영업외비용		×××		×××
이자비용	×××		×××	
기타대손상각비	×××		×××	
단기투자자산처분손실	×××		×××	
단기투자자산평가손실	×××		×××	
재고자산감모손실	×××		×××	
외환차손	×××		×××	
외화환산손실	×××		×××	
기부금	×××		×××	
장기투자증권손상차손	×××		×××	
유형자산처분손실	×××		×××	
사채상환손실	×××		×××	
전기오류수정손실	×××		×××	
……	×××		×××	
법인세비용차감전순이익(또는 법인세비용차감전순손실)		×××		×××
법인세비용		×××		×××
당기순이익(또는 당기순손실)		×××		×××

이 손익계산서는 중소기업회계기준에 따라 작성되었습니다.

[별지 제3호 서식]

자본변동표

제×기 20××년 ×월 ×일부터 20××년 ×월 ×일까지
제×기 20××년 ×월 ×일부터 20××년 ×월 ×일까지

회사명 (단위 : 원)

구 분	자본금	자본 잉여금	자본조정	이익 잉여금	총 계
20××.×.×(보고금액)	×××	×××	×××	×××	×××
연차배당				(×××)	(×××)
처분후 이익잉여금				×××	×××
중간배당				(×××)	(×××)
당기순이익(손실)				×××	×××
자기주식 취득			(×××)		(×××)
20××.×.×	×××	×××	×××	×××	×××
20××.×.×(보고금액)	×××	×××	×××	×××	×××
연차배당				(×××)	(×××)
처분후 이익잉여금				×××	×××
중간배당				(×××)	(×××)
유상증자(감자)	×××	×××			×××
당기순이익(손실)				×××	×××
해외사업환산손익			×××		×××
20××.×.×	×××	×××	×××	×××	×××

이 자본변동표는 중소기업회계기준에 따라 작성되었습니다.

[별지 제4호 서식]

이익잉여금처분계산서

제 × 기	20××년 ×월 ×일부터 20××년 ×월 ×일까지	제 × 기	20××년 ×월 ×일부터 20××년 ×월 ×일까지
처분예정일	20××년 ×월 ×일	처분확정일	20××년 ×월 ×일

회사명 (단위 : 원)

구 분	당 기		전 기	
미처분이익잉여금		×××		×××
전기이월미처분이익잉여금 (또는 전기이월미처리결손금)	×××		×××	
중간배당액	×××		×××	
당기순이익(또는 당기순손실)	×××		×××	
임의적립금등의이입액		×××		×××
×××적립금	×××		×××	
×××적립금	×××		×××	
합 계		×××		×××
이익잉여금처분액		×××		×××
이익준비금	×××		×××	
기타법정적립금	×××		×××	
주식할인발행차금상각액	×××		×××	
배당금	×××		×××	
현금배당	×××		×××	
주식배당	×××		×××	
……	×××		×××	
차기이월미처분이익잉여금		×××		×××

이 이익잉여금처분계산서는 중소기업회계기준에 따라 작성되었습니다.

[별지 제5호 서식]

결손금처리계산서

제 × 기	20××년 ×월 ×일부터 20××년 ×월 ×일까지	제 × 기	20××년 ×월 ×일부터 20××년 ×월 ×일까지
처리예정일	20××년 ×월 ×일	처리확정일	20××년 ×월 ×일

회사명 (단위 : 원)

구 분	당 기		전 기	
미처리결손금		×××		×××
전기이월미처리결손금 (또는 전기이월미처분이익잉여금)	×××		×××	
중간배당액	×××		×××	
당기순이익(또는 당기순손실)	×××		×××	
결손금처리액		×××		×××
임의적립금이입액	×××		×××	
법정적립금이입액	×××		×××	
자본잉여금이입액	×××		×××	
차기이월미처리결손금		×××		×××

이 결손금처리계산서는 중소기업회계기준에 따라 작성되었습니다.

제 5 장 자산 · 부채의 평가

1 자산 · 부채 회계처리의 순서

회계처리의 흐름 | 자산과 부채는 최초 인식, 후속 측정과 제거의 순서로 회계처리한다. 최초 인식의 경우 자산과 부채를 최초로 인식하는 시점, 자산의 취득원가와 부채의 채무액, 후속 측정의 경우 평가방법과 평가손익의 분류, 제거의 경우 자산과 부채의 제거 시점과 관련 손익의 분류 등을 회계기준에서 규정하고 있다. 제6장부터 제12장까지는 자산과 부채의 분류별 회계처리를 설명한다.

최초 인식 → 후속 측정 → 제 거

최초 인식 | 자산과 부채가 최초로 인식되기 위해서는 공통적으로 다음의 정의와 인식 조건을 충족하여야 한다.

	자 산	부 채
정의	과거의 거래나 사건의 결과로	
	· 현재 회사가 통제하고 · 미래에 경제적 효익을 창출할 것으로 예상되는 자원	· 현재 회사가 부담하고 있고 · 미래에 자원이 유출되거나 사용될 것으로 예상되는 의무
인식 조건	· 해당 항목에서 발생하는 미래경제적 효익이 회사에 유입될 가능성이 매우 높다. · 그 원가를 신뢰성 있게 측정할 수 있다.	· 해당 의무를 이행하기 위하여 경제적 자원이 유출될 가능성이 매우 높다. · 의무의 이행에 소요되는 금액을 신뢰성 있게 측정할 수 있다.

2 평가기준

평가기준 | 중소기업회계기준(제4장) '자산 · 부채의 평가'에서는 자산과 부채의 최초 측정과 후속 측정을 함께 다루고 있다. 다음은 자산의 최초 측정에 대한 공통사항이다.

(1) 최초 측정

자산은 최초에 취득원가로 인식한다.(제36조①) 교환, 현물출자, 증여, 그 밖에 무상으로 취득한 자산은 공정가치(합리적인 판단력과 거래 의사가 있는 독립된 당사자 사이의 거래에서 자산이 교환되거나 부채가 결제될 수 있는 금액을 말한다. 이하 같다)를 취득원가로 한다. 다만, 같은 종류의 자산(토지와 건물을 제외한다)을 교환하였을 때에는 제공한 자산의 장부금액을 취득원가로 한다.(제36조②)

취득원가 | 자산을 취득하여 최초로 인식하는 금액을 '취득원가'라고 하며 거래의 형태별로 다음과 같이 구분된다.

거래 형태	취득원가
매입 또는 제조	자산 취득에 소요된 대가(재고자산, 유형 · 무형자산, 금융자산은 각 장에서 자세한 내용을 규정한다). 매입하는 경우 지급액의 현재가치를 기초로 측정하나 매입채무 등의 현재가치평가를 하지 않기로 한 경우 만기금액을 기초로 측정
이종 자산의 교환	제공한 자산의 공정가치
현물출자, 무상취득	제공받은 자산의 공정가치

수익창출활동이 완료되지 않은 동종 자산의 교환은 제공한 자산의 장부금액을 제공받은 자산의 취득원가로 본다. '공정가치'란 합리적인 판단력과 거래 의사가 있는 독립된 당사자 사이의 거래에서 자산이 교환되거나 부채가 결제될 수 있는 금액으로 강제적 청산이나 재무적 어려움에 따른 긴급한 매각에서 거래되는 가격은 포함되지 않는다.

(2) 후속 측정

후속 측정 | 자산과 부채의 후속 측정은 각 장에서 자세히 설명하고 있다. 자산의 측정이 별도로 규정되지 않은 경우 후속 측정에서는 자산손상 규정만 적용하면 된다. 중소기업회계기준에서는 시장성 있는 유가증권에 공정가치 평가를 요구하고 있는 반면 파생상품에 대해서는 별도의 회계기준을 제공하고 있지 않다. 파생상품을 보유한 경우 일반기업회계기준을 참조하여 회계처리한다.

제 6 장 재고자산

<table>
<tr><th colspan="3">구 분</th><th>내 용</th></tr>
<tr><td>최초
인식</td><td colspan="2">취득원가</td><td>· ① 매입원가
· ② 제조원가: 직접재료원가 + 직접노무원가 + 변동 · 고정제조간접원가 배부액
· 취득 과정에서 정상적으로 발생한 부대원가 가산(예: 매입운임, 하역료, 보험료)
· 매입에누리 · 매입할인 · 매입환출 차감
· 이자비용 등 자본화: 취득 시작 ~ 의도한 용도로 사용 · 판매 가능한 상태가 되는 데 1년 이상 걸리는 경우, 이자비용 등은 취득원가에 포함 가능(법인세법 준용)</td></tr>
<tr><td colspan="3">단위원가 결정방법</td><td>· 개별법, 선입선출법, 평균법, 후입선출법, 매출가격환원법(소매재고법)</td></tr>
<tr><td rowspan="5">후속
측정</td><td rowspan="3">평가</td><td>장부금액</td><td>· 순실현가능가치 > 취득원가: 취득원가
· 순실현가능가치 < 취득원가: 순실현가능가치(저가법)
√물리적으로 손상된 경우
√장기적으로 판매되지 아니한 경우
√진부화하여 판매가치가 하락한 경우</td></tr>
<tr><td>재고자산
평가손실</td><td>· 재고자산의 차감계정으로 표시하고 매출원가에 가산</td></tr>
<tr><td>재고자산
평가손실환입</td><td>· 재고자산의 장부금액에 가산하고 매출원가에서 차감(최초 장부금액을 초과하지 않는 범위)</td></tr>
<tr><td rowspan="2">감모</td><td>정상감모손실</td><td>· 매출원가에 가산</td></tr>
<tr><td>비정상감모손실</td><td>· 영업외비용</td></tr>
</table>

1 정의

'재고자산'이란 일상적인 사업과정에서 판매하기 위하여 보유하거나 생산과정에 있

는 자산과 생산 또는 용역 제공 과정에 투입될 자산을 말한다.(제9조①) 재고자산에는 상품, 제품, 반제품, 재공품, 원재료와 저장품 등이 포함된다.(제9조②)

〈재고자산의 예〉

- 상품: 판매하기 위하여 구입한 상품, 미착상품, 적송품과, 부동산매매업의 경우 판매를 목적으로 소유하는 토지·건물 및 이와 유사한 부동산을 말한다.
- 제품: 판매하기 위하여 제조한 생산품, 부산물 등을 말한다.
- 반제품: 현재 상태로 판매할 수 있는 재공품을 말한다.
- 재공품: 제품 또는 반제품을 제조하기 위하여 재공 과정에 있는 것을 말한다.
- 원재료: 원료, 재료, 매입부분품, 미착원재료 등을 말한다.
- 저장품: 1년 이내에 사용될 것으로 예상되는 소모품, 소모공구·기구, 비품, 부분품 및 그 밖의 저장품을 말한다.

2 최초 인식

(1) 인식 조건

재고자산은 해당 항목에서 발생하는 미래경제적 효익이 회사에 유입될 가능성이 매우 높고, 그 원가를 신뢰성 있게 측정할 수 있으면 대차대조표에 인식한다.(제6조④1.)

(2) 취득원가

재고자산의 취득원가는 매입원가 또는 제조원가를 말한다.(제37조①) 재고자산의 취득 과정에서 정상적으로 발생한 부대원가는 취득원가에 포함하고, 매입에누리, 매입할인과 매입환출은 취득원가에서 차감한다. 이 경우 일정 기간의 거래 수량 또는 금액에 따라 매입액을 실질적으로 감소시키는 것은 매입에누리에 포함한다.(제37조②)

매입원가 | 매입원가는 매입금액에 취득과정에서 정상적으로 발생한 부대원가인 매입운임, 하역료와 보험료 등을 가산한 금액이다.

제조원가 | 제조원가는 회계연도 말까지 제조과정에서 발생한 직접재료원가, 직접노무원가와 변동 · 고정제조간접원가를 체계적으로 배부한 금액을 포함한다.

재고자산의 취득원가에 포함할 수 없는 지출 | 발생한 회계연도의 비용으로 인식해야 하는 지출의 예는 다음과 같다.

① 재료원가, 노무원가 및 그 밖의 제조원가 중 비정상적으로 낭비된 부분
② 보관비용(추가 생산단계에 투입하기 전에 보관이 필요한 경우는 제외)
③ 재고자산을 현재의 장소에 현재의 상태로 이르게 하는 데 기여하지 않은 관리간접원가
④ 판매원가

취득이 시작된 날부터 의도한 용도로 사용 · 판매할 수 있는 상태가 될 때까지 1년 이상이 걸리는 재고자산의 취득 자금에 포함된 차입금의 이자비용 등은 법인세법 제28조를 준용하여 해당 자산의 취득원가에 포함할 수 있다.(제37조③)

이자비용 등의 자본화 | 취득원가에 포함되는 이자비용 등의 범위와 한도에 대해서는 제9장 '이자비용 등의 자본화'를 참조한다.

용역제공기업의 재고자산 | 용역을 제공하는 기업의 재고자산(예: 재공품) 취득원가는 이의 제공에 직접 종사하는 인력의 노무원가와 그 밖에 직접적으로 관련된 재료원가 등으로 구성된다. 용역제공과 직접 관련되지 않은 업무(판매, 일반관리)에 종사하는 인력의 노무원가 등은 재고자산의 취득원가에 포함하지 않고 발생한 회계연도에 비용으로 인식한다.

3 후속 측정

(1) 저가법

재고자산이 파손, 부패 등과 같이 물리적으로 손상되거나, 장기간 판매되지 아니하거나, 진부화되어 판매가치가 하락하는 등으로 순실현가능가치(일상적인 사업과정

의 추정판매가격에서 판매할 때까지 발생하는 추정원가를 차감한 금액을 말한다. 이하 같다)가 취득원가보다 중요하게 낮아지면 순실현가능가치를 장부금액으로 한다.(제37조④) 이를 저가법이라 한다.

저가법의 적용 | 재고자산을 평가하기 위한 저가법은 항목별로 적용한다. 그러나 서로 비슷하거나 관련된 항목들을 통합하여 저가법을 적용하는 것이 적절한 경우도 있다. 저가법을 서로 비슷하거나 관련된 항목들을 통합하여 적용하는 경우에는 계속성을 유지하여야 한다.

재고자산의 순실현가능가치가 장부금액보다 하락하여 발생한 평가손실은 매출원가에 가산한다.(제27조②) 재고자산의 평가손실환입은 최초 장부금액을 초과하지 않는 범위로 한정하고, 매출원가에서 차감한다.(제27조③)

[사례 6-1] 저가법 적용

㈜중소상사에서 보유한 상품A의 회계연도 말 평가자료는 다음과 같다. ㈜중소상사에서는 20×2년 6월 30일에 상품A 40개를 12,000원에 추가로 취득하였다.

일 자	취득원가 (원)	순실현가능가치 (원)
20×1. 12. 31.	@400 × 100 = 40,000	@300 × 100 = 30,000
20×2. 12. 31.	40,000 + 12,000 = 52,000	@380 × 140 = 53,200

① 20×1. 12. 31.

(차) 재고자산평가손실 (매출원가에 가산)	10,000	(대) 재고자산평가충당금 (재고자산의 차감계정)	10,000

② 20×2. 12. 31.

(차) 재고자산평가충당금	10,000	(대) 재고자산평가충당금환입 (매출원가에서 차감)	10,000

* 20×2. 6. 30. 상품A의 장부금액: 30,000 + 12,000 = 42,000
min(52,000, 53,200) − 42,000 = 10,000

원재료의 저가법 적용 | 원재료의 순실현가능가치는 현행대체원가로 측정한다. 현행대체원가란 재고자산을 현재 시점에 매입하거나 재생산하는 데 소요되는 금액을

말한다. 다만, 원재료를 투입하여 완성할 제품의 시가가 원가보다 높으면 해당 원재료에 저가법을 적용하지 아니한다.

재고자산평가충당금은 재고자산 각 항목의 차감계정으로 대차대조표에 표시한다.(제9조③)

[사례 6-2] 재고자산의 표시

㈜재고자산평가충당금은 다음과 같이 재고자산 각 항목의 차감계정으로 대차대조표에 표시한다.

재고자산		×××
제품	550,000	
(-) 재고자산평가충당금	(55,000)	
상품	300,000	
……	×××	

(2) 감모손실

재고자산의 장부 수량과 실제 수량의 차이에서 발생하는 재고자산감모손실 가운데 정상적으로 발생한 부분은 매출원가에 가산한다.(제27조④)

재고자산감모손실 | 재고자산의 금액은 각 항목의 수량과 단가를 곱하여 산출한다. 수량이 감소되어 재고자산 금액이 감소하면 '재고자산감모손실'이라고 하며 단가가 하락하여 재고자산 금액이 감소하면 '재고자산평가손실'이라고 한다.

재고자산감모손실	(장부 수량 − 실제 수량)×취득단가
재고자산평가손실	실제 수량×(취득단가 − 순실현가능가치)

기중에는 재고자산의 매입 수량과 매출 수량을 재고자산 수불부에 계속적으로 기록하여 재고자산의 수량을 파악하고, 기말에는 실제로 남아 있는 재고자산의 수량을

조사하여 재고자산 수불부에 기록된 수량과 비교한다. 이때 재고자산의 장부상 수량과 실제 수량의 차이로 발생하는 손실이 감모손실이다. 사업과정에서 정상적으로 발생하는 감모손실은 매출원가에 가산하고, 비정상적으로 발생한 감모손실은 영업외비용으로 분류한다.

[사례 6-3] 재고자산평가손실과 재고자산감모손실

㈜중소상사에서 보유한 제품B의 20×1 회계연도 말 평가자료는 다음과 같다. 제품B의 감모 수량 중 40개는 정상적으로 발생한 것이다.

구 분	수량 (개)	단가 (원)	총액 (원)
장부	1,200	500	600,000
실제	1,100	450	495,000

① 재고자산감모손실 = (1,200 − 1,100) × 500 = 50,000(원)

㉠ 정상감모손실 = 50,000 × 40/100 = 20,000(원)

㉡ 비정상감모손실 = 50,000 × 60/100 = 30,000(원)

② 재고자산평가손실 = 1,100 × (500 − 450) = 55,000(원)

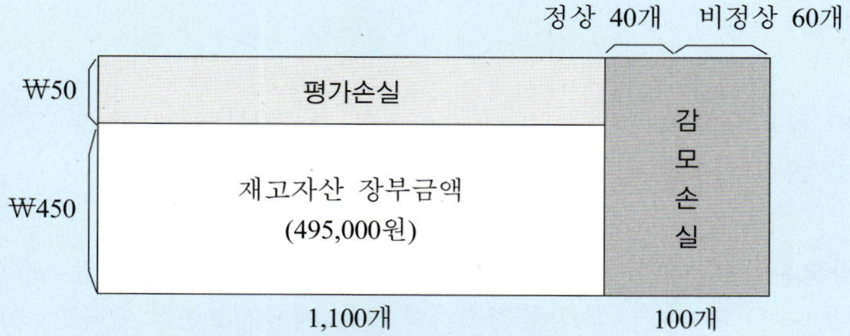

4 단위원가의 결정

재고자산의 단위원가는 개별법, 선입선출법, 평균법, 후입선출법 또는 매출가격환원법(소매재고법)을 사용하여 결정한다.(제37조⑤)

재고자산의 단위원가 결정방법

① **개별법** | 개별 재고자산이 판매되었을 때 개별적으로 취득한 원가를 파악하여 이를 매출원가로 하고 재고자산의 장부금액에서 차감하는 방법이다. 특수기계를 주문받아 생산하는 경우 등과 같이 각 제품별로 원가를 식별할 수 있는 때에는 개별법을 사용하여 단위원가를 결정한다.

[사례 6-4] 개별법

특수기계를 생산하는 ㈜중소기계에서는 제품 A와 D를 20×1년도에 판매하였다. 개별법을 적용한 경우 20×1년도의 매출원가와 기말 재고자산의 장부금액은 다음과 같다.

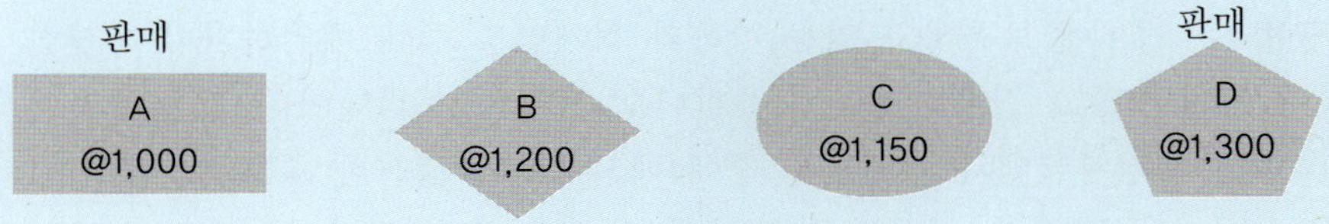

· 매출원가(A, D): 1,000 + 1,300 = 2,300(원)
· 기말 재고자산(B, C)의 장부금액: 1,200 + 1,150 = 2,350(원)

② **선입선출법** | 먼저 매입하거나 생산한 항목을 먼저 판매하거나 사용한다고 가정하는 방법이다.

[사례 6-5] 선입선출법

㈜중소의류에서는 20×1 회계연도 중 600개의 재고자산을 매입하였다. 그중 500개를 판매하여 기말 재고자산으로 100개가 남았다. 선입선출법을 적용한 경우 매출원가와 기말 재고자산의 장부금액은 다음과 같다.

@100	@110	@110	@100	@120	기말재고자산 @120
1/23	3/1	4/26	9/15	10/8	12/24
100개 매입	100개 매입	100개 매입	100개 매입	100개 매입	100개 매입

· 판매가능 재고자산: (100×100)+(110×100)+(110×100)+(100×100)+(120×100)
+(120×100)=66,000(원)

· 매출원가: (100×100)+(110×100)+(110×100)+(100×100)+(120×100)=54,000(원)

· 기말 재고자산의 장부금액: 66,000-54,000=12,000(원)

③ **평균법** | 기초에 보유하고 있는 항목과 회계연도 중에 매입하거나 생산한 항목을 구별하지 않고 판매하거나 사용한다고 가정하는 방법이다. 평균원가는 기초 재고자산의 장부금액과 회계연도 중에 매입하거나 생산한 재고자산의 원가를 가중평균하여 산정한다. 평균법은 회사의 상황에 따라 주기적으로 적용(총평균법)하거나, 매입하거나 생산할 때마다 적용(이동평균법)할 수 있으나 적용 방법의 일관성을 유지하여야 한다.

[사례 6-6] 평균법

㈜중소상사에서는 20×1 회계연도 중 600개의 재고자산을 매입하였다. 그중 500개를 판매하여 기말 재고자산으로 100개가 남았다. 총평균법을 적용하는 경우 매출원가와 기말 재고자산의 장부금액은 다음과 같다.

평균단가: @110

@100	@110	@110	@100	@120	@120
1/23	3/1	4/26	9/15	10/8	12/24
100개 매입	100개 매입	100개 매입	100개 매입	100개 매입	100개 매입

· 판매가능 재고자산: (100×100)+(110×100)+(110×100)+(100×100)+(120×100)
+(120×100)=66,000(원)

· 평균단가: 66,000 ÷ 600 = 110(원/개)
· 매출원가: 500 × 110 = 55,000(원)
· 기말 재고자산의 장부금액: 100 × 110 = 11,000(원)

④ **후입선출법** | 가장 최근에 매입하거나 생산한 항목을 가장 먼저 판매한다고 가정하는 방법이다. 이 방법은 손익계산서의 매출원가가 비교적 현행가격을 반영하는 반면, 대차대조표에 표시되는 재고자산이 오래 전에 취득한 단가를 반영하기 때문에 불건전한 구매 관습을 유발시킬 수 있는 단점이 있다.

[사례 6-7] 후입선출법

㈜중소오일에서는 20×1 회계연도 중 600리터의 재고자산을 매입하였다. 그중 500리터를 판매하여 기말 재고자산으로 100리터가 남았다. 후입선출법을 적용하는 경우 매출원가와 기말 재고자산의 장부금액은 다음과 같다.

기말재고자산 @100	@110	@110	@100	@120	@120
1/23	3/1	4/26	9/15	10/8	12/24
100개 매입	100개 매입	100개 매입	100개 매입	100개 매입	100개 매입

· 판매가능 재고자산: (100 × 100) + (110 × 100) + (110 × 100) + (100 × 100) + (120 × 100) + (120 × 100) = 66,000(원)
· 매출원가: (110 × 100) + (110 × 100) + (100 × 100) + (120 × 100) + (120 × 100) = 56,000(원)
· 기말 재고자산의 장부금액: 66,000 − 56,000 = 10,000(원)

⑤ **매출가격환원법(소매재고법)** | 판매가격을 기준으로 평가한 기말 재고액에 구입원가, 판매가격과 판매가격 변동액에 근거하여 산정한 원가율을 적용하여 기말 재고자산의 원가를 결정하는 방법이다. 이 방법은 추정에 의한 원가결정방법이므로 많은 종류의 상품을 취급하여 실제원가에 기초한 원가결정방법을 사용하기 곤란한 유통업종에서만 사용하는 것이 적절하다.

매출가격환원법(소매재고법)에 따른 기말재고자산 추정 절차는 다음과 같다.

㉮ 원가율 계산	$\frac{\text{원가 기준 판매가능액}}{\text{매출가격 기준 판매가능액}}$
㉯ 매출가격 기준 기말재고자산 계산	매출가격 기준 판매가능액 – 당기매출액
㉰ 기말재고자산의 원가 추정	원가율×매출가격 기준 기말재고액

[사례 6-8] 매출가격환원법(소매재고법)

㈜중소쇼핑의 20×1 회계연도 재고자산 관련 자료는 아래와 같고 매출가격환원법을 적용하는 경우 기말 재고자산의 장부금액은 다음과 같다.

	원가 기준	매출가격 기준
기초재고	400,000	500,000
당기매입	3,000,000	3,300,000
계	3,400,000	3,800,000
당기매출		2,200,000
기말재고		1,600,000

① 원가율: 3,400,000÷3,800,000＝89.4%

② 기말 재고자산의 추정원가: 1,600,000×89.4%＝1,430,400(원)

5 재고자산의 판매

'매출원가'란 제품, 상품 또는 용역 등의 매출액에 직접 대응되는 원가를 말한다. (제27조①)

재고자산의 제거와 매출원가 | 재고자산은 이를 판매하여 수익을 인식한 기간에 매출원가로 인식한다(수익을 인식하는 시점은 제14장 '수익인식' 참조). 매출원가는 다음과 같이 산출된다.

<table>
<tr><th>구 분</th><th>제품 판매</th><th>상품 판매</th></tr>
<tr><td rowspan="2">매출원가</td><td>기초제품재고액
+당기제품제조원가
-기말제품재고액</td><td>기초상품재고액
+당기상품매입액*
-기말상품재고액</td></tr>
<tr><td colspan="2">생산, 판매 또는 매입 외의 사유로 제품이나 상품에 증감액이 있는 경우 이를 매출원가의 계산에 반영</td></tr>
</table>

* 당기상품매입액=상품 총매입액-(매입할인+매입환출+매입에누리)

재고자산의 순실현가능가치가 장부금액보다 하락하여 발생한 평가손실은 매출원가에 가산한다.(제27조②) 재고자산의 장부 수량과 실제 수량의 차이에서 발생하는 재고자산감모손실 가운데 정상적으로 발생한 부분은 매출원가에 가산한다.(제27조④) 재고자산의 평가손실환입은 최초 장부금액을 초과하지 않는 범위로 한정하고, 매출원가에서 차감한다.(제27조③)

제 7 장 유형자산

<table>
<tr><th colspan="3">구 분</th><th>내 용</th></tr>
<tr><td rowspan="3">최초 인식</td><td rowspan="3">취득 원가</td><td>구입, 제작</td><td>· 구입가격 또는 제작원가
· 경영진이 의도하는 방식으로 자산을 가동하는 데 필요한 장소와 상태에 이르게 하는 데 직접 관련된 원가 가산
· 매입에누리 · 매입할인 · 매입환출 차감
· 이자비용 등은 취득원가에 포함 가능(법인세법 적용)</td></tr>
<tr><td>현물출자, 증여, 기타 무상취득</td><td>· 공정가치</td></tr>
<tr><td>교환</td><td>· 이종 자산 교환: 제공한 자산의 공정가치(제공한 자산의 공정가치가 불확실한 경우 취득한 자산의 공정가치)
· 동종 자산 교환(토지 · 건물 제외): 제공한 자산의 장부금액</td></tr>
<tr><td rowspan="9">후속 측정</td><td rowspan="2">인식 시점 이후 지출</td><td>자본적 지출</td><td>· 해당 자산의 장부금액에 가산</td></tr>
<tr><td>수익적 지출</td><td>· 당기비용</td></tr>
<tr><td colspan="2">장부금액</td><td>· 취득원가 – 감가상각누계액 – 손상차손누계액</td></tr>
<tr><td rowspan="6">감가 상각</td><td>의미</td><td>· 감가상각대상금액을 해당 자산을 사용할 수 있는 때부터 내용연수에 걸쳐 배분</td></tr>
<tr><td>감가상각 대상금액</td><td>· 취득원가 – 잔존가치</td></tr>
<tr><td>잔존가치</td><td>· 내용연수 종료시점의 예상처분대가 – 예상처분비용
· 법인세법에 따라 잔존가치 결정 가능</td></tr>
<tr><td>내용연수</td><td>· 자산의 예상 사용기간, 생산량 등을 고려하여 합리적으로 결정
· 법인세법에 따라 내용연수 결정 가능</td></tr>
<tr><td>감가상각방법</td><td>· 정액법, 정률법, 생산량비례법 중 선택</td></tr>
<tr><td>변경</td><td>· 잔존가치 또는 내용연수 추정 변경, 감가상각방법 변경: 전진적 회계처리(효과를 당기와 그 이후의 기간에 반영)</td></tr>
<tr><td colspan="3">제거</td><td>· 폐기 · 처분: 자산을 대차대조표에서 제거, 처분금액과 장부금액의 차액을 당기손익으로 인식</td></tr>
</table>

1 정의

'유형자산'이란 재화를 생산하거나 용역을 제공하기 위하여, 또는 타인에게 임대하거나 직접 사용하기 위하여 보유한 물리적 형체가 있는 자산으로 1년을 초과하여 사용할 것으로 예상되는 자산을 말한다.(제11조①) 유형자산에는 토지, 건물, 구축물, 기계장치, 차량운반구와 건설중인자산 등이 포함된다.(제11조②)

〈유형자산의 예〉

- 토지: 대지, 임야, 전답, 잡종지 등을 포함한다.
- 건물: 건물과 냉난방, 조명, 통풍 및 그 밖의 건물부속설비를 포함한다.
- 구축물: 선거, 교량, 부교, 궤도, 저수지, 갱도, 굴뚝, 정원설비, 그 밖의 토목설비 또는 공작물 등을 포함한다.
- 기계장치: 기계장치, 운송설비(예: 컨베이어, 호이스트, 기중기)와 그 밖의 부속설비 등을 포함한다.
- 차량운반구: 철도차량, 자동차 및 그 밖의 육상운반구 등을 포함한다.
- 건설중인자산: 유형자산을 제작·건설하기 위한 재료비, 노무비 및 경비와 이를 위하여 지출한 도급금액 또는 취득한 기계 등을 포함한다.

2 최초 인식

(1) 인식 조건

유형자산은 해당 항목에서 발생하는 미래경제적 효익이 회사에 유입될 가능성이 매우 높고, 그 원가를 신뢰성 있게 측정할 수 있는 경우에 대차대조표에 인식한다.(제6조④)

(2) 취득원가

유형자산은 최초에 취득원가로 인식한다.(제36조①) 유형자산의 취득원가는 구입가격 또는 제작원가와 의도하는 방식으로 자산을 가동하는 데 필요한 장소와 상태에

이르게 하는 데 직접 관련되는 원가를 포함하며, 매입에누리, 매입할인과 매입환출을 차감한 금액을 말한다.(제38조①) 유형자산의 취득 자금에 포함된 차입금의 이자비용 등은 법인세법 제28조에 따라 해당 자산의 취득원가에 포함할 수 있다.(제38조②)

취득부대원가 | 경영진이 의도하는 방식으로 유형자산을 가동하는 데 필요한 장소와 상태에 이르게 하는 데 직접 관련된 원가의 예는 다음과 같다.

① 설치장소 준비를 위한 지출
② 외부 운송비 및 취급비
③ 설치비
④ 설계와 관련하여 전문가에게 지급하는 수수료
⑤ 자본화대상 이자비용 등(이자비용 등의 자본화를 선택한 경우로 한정된다)
⑥ 유형자산의 취득과 직접 관련된 제세공과금(예: 취득세, 등록세)
⑦ 유형자산이 정상적으로 작동되는지 시험하는 과정에서 발생하는 원가. 단, 시험과정에서 생산된 재화(예: 시제품)의 순매각금액은 해당 원가에서 차감한다.

이자비용 등의 자본화 | 취득원가에 포함되는 이자비용 등의 범위와 한도는 제9장 '이자비용 등의 자본화'를 참조한다.

교환, 현물출자, 증여, 그 밖에 무상으로 취득한 자산은 공정가치(합리적인 판단력과 거래 의사가 있는 독립된 당사자 사이의 거래에서 자산이 교환되거나 부채가 결제될 수 있는 금액을 말한다. 이하 같다)를 취득원가로 한다. 다만, 같은 종류의 자산(토지와 건물을 제외한다)을 교환하였을 때에는 제공한 자산의 장부금액을 취득원가로 한다.(제36조②)

공정가치 | 현물출자, 증여, 그 밖의 무상으로 취득한 유형자산의 취득원가는 제공받은 유형자산의 공정가치로 측정한다. 다른 종류의 자산과 교환하여 취득한 유형자산의 취득원가는 교환을 위하여 제공한 자산의 공정가치로 측정한다. 다만, 교환을 위하여 제공한 자산의 공정가치가 불확실한 경우에는 취득한 자산의 공정가치를 취득원가로 할 수 있다.

동종 자산의 교환 | 같은 업종 내에서 유사한 용도로 사용되고 공정가치가 비슷한 같은 종류의 자산을 교환하였을 때에는, 제공된 유형자산의 수익창출과정이 아직 완료되지 않았다고 보기 때문에 교환에 따른 거래손익을 인식하지 않고 제공받은 자산의 취득원가는 교환으로 제공한 자산의 장부금액으로 한다. 다만, 토지와 건물은 이러한 동종 자산이 있을 수 없다고 보아 교환되는 경우 처분손익을 인식한다.

3 후속 측정

(1) 장부금액

최초 인식 후에 유형자산의 장부금액은 취득원가(자본적 지출을 포함한다. 이하 같다)에서 감가상각누계액과 손상차손누계액을 차감한 금액으로 결정한다.(제38조④)

(2) 자본적 지출과 수익적 지출

유형자산의 생산능력을 향상시키거나 내용연수를 연장시키는 등 자산의 가치를 실질적으로 높이는 지출(이하 '자본적 지출'이라 한다)은 해당 자산의 장부금액에 가산하고, 원상을 회복시키거나 능률을 유지하기 위한 지출은 발생한 회계연도의 비용으로 인식한다.(제38조③)

(3) 감가상각

취득원가에서 잔존가치를 차감하여 결정되는 유형자산의 감가상각대상금액은 해당 자산을 사용할 수 있는 때부터 내용연수에 걸쳐 배분한다.(제38조⑤)

감가상각 | 유형자산의 감가상각대상금액을 해당 자산을 사용할 수 있는 때부터 내용연수에 걸쳐 배분하는 것을 감가상각이라 한다.

유형자산의 잔존가치는 내용연수가 끝나는 시점의 예상처분대가에서 예상처분원가를 차감한 금액으로 추정한다. 다만, 잔존가치는 법인세법 제23조에 따라 결정할 수

있다.(제38조⑥)

법인세법의 잔존가치 | 유형자산의 잔존가치는 '0'으로 하는 것을 원칙으로 한다. 다만, 정률법을 적용하는 경우 잔존가치를 취득가액의 5%로 하되 미상각잔액이 최초로 취득가액의 5% 이하가 되는 사업연도에 해당 금액을 상각범위액에 가산한다.

유형자산의 내용연수는 자산의 예상 사용기간이나 생산량 등을 고려하여 합리적으로 결정한다. 다만, 내용연수는 법인세법 제23조에 따라 결정할 수 있다.(제38조⑦)

[사례 7-1] 유형자산의 장부금액

20×1년 초에 취득한 유형자산A의 취득원가가 500원이고 4년 후 잔존가치가 100원이라고 할 때, 4년간 정액법으로 감가상각한 경우 각 회계연도 말 장부금액은 다음과 같다.

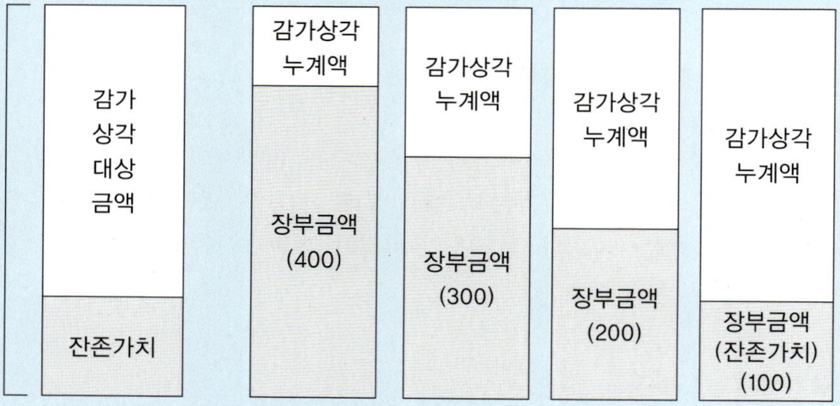

내용연수 결정 | 유형자산에 내재된 경제적 효익은 유형자산을 사용하면서 감소하는 것이 일반적이다. 그러나 자산을 사용하지 않더라도 기술적 진부화 등으로 경제적 효익이 감소될 수 있다. 따라서 자산의 내용연수를 결정할 때에는 다음의 요소를 고려할 필요가 있다.

① 자산의 예상 생산능력이나 물리적 생산량을 기초로 한 자산의 예상 사용 수준
② 생산라인의 교체빈도, 수선 또는 보수 계획과 운휴 중 유지보수 등 관리 수준을 고려한 자산의 물리적 마모나 손상

③ 생산방법의 변화, 개선 또는 해당 자산을 사용하여 생산되는 제품에 대한 시장수요의 변화로 인한 기술적 진부화
④ 리스계약 만료일 등 자산의 사용에 대한 법적 또는 계약상 제한

유형자산의 감가상각방법은 정액법, 정률법, 생산량비례법 중 하나를 선택한다.(제38조⑧)

유형자산의 감가상각방법

① **정액법** | 자산의 내용연수에 걸쳐 균등하게 감가상각비를 인식하는 방법이다. 이는 시간의 경과에 따라 자산의 가치가 일정하게 감소하는 경우 사용하기 적합한 방법이다. 정액법을 적용하는 경우 감가상각비는 다음과 같이 계산한다.

감가상각비＝(취득원가－잔존가치)÷내용연수

② **정률법** | 가속상각의 한 방법으로 초기에 많은 금액을 감가상각비로 인식하는 방법이다. 즉, '취득원가－감가상각누계액'에 일정률을 곱하여 계산하는 방법으로 시간이 경과할수록 줄어든 장부금액에 다시 일정률을 곱하게 되므로 감가상각비는 매년 줄어들게 된다. 기술적 진부화가 빠른 경우에는 이 방법을 적용하는 것이 적절할 수 있다. 정률법을 적용하는 경우 감가상각비는 다음과 같이 계산한다.

감가상각비＝(취득원가－감가상각누계액)×감가상각률*

* 법인세법 시행규칙 별표 4의 상각률 참조

③ **생산량비례법** | 생산량에 비례하여 자산이 소비된다는 것을 전제로 감가상각비를 계산하는 방법이다. 예를 들면, 광물을 채취하는 경우 감가상각비는 총채굴예정량에 대한 매 회계연도의 실제 채굴량의 비율을 감가상각대상금액에 곱하여 계산할 수 있다. 생산량비례법을 적용하는 경우 감가상각비는 다음과 같이 계산한다.

감가상각비＝(취득원가－잔존가치)×(당기 실제생산량÷추정 총생산량)

[사례 7-2] 유형자산의 감가상각비

㈜중소상사는 차량X를 20×1년 1월 1일에 취득하였다.

- 취득원가: 20,000원
- 내용연수: 4년
- 잔존가치: 1,000원
- 정률법 상각률: 0.528 (법인세법 시행규칙 별표 4의 상각률 참조)
- 내용연수 동안 추정 주행거리: 200,000km
- 20×2년 실제 주행거리: 50,000km

이 경우 20×2 회계연도(2차년도)에 인식할 감가상각비는 각각 다음과 같이 계산된다.

① 정액법: (20,000 − 1,000) ÷ 4 = 4,750(원)

② 정률법: (20,000 − 10,560*) × 0.528 = 4,984(원)

　* (20,000 − 0) × 0.528 = 10,560

③ 생산량비례법: (20,000 − 1,000) × (50,000 ÷ 200,000) = 4,750(원)

다른 자산의 취득원가 | 유형자산에 내재된 경제적 효익은 다른 자산을 생산하는 데 사용될 수 있다. 이 경우 유형자산의 감가상각비는 해당 자산 취득원가의 일부가 된다. 예를 들면 제조설비의 감가상각비는 재고자산의 가공비로 제조원가를 구성하고, 개발활동에 사용되는 유형자산의 감가상각비는 무형자산의 인식 조건을 충족하는 경우 개발비의 취득원가에 포함된다.

잔존가치 또는 내용연수에 대한 추정이 변경되거나 감가상각방법이 변경되는 경우에는 전진적으로 회계처리하여 그 효과를 당기와 그 이후의 회계연도에 반영한다. (제38조⑨)

[사례 7-3] 유형자산의 감가상각방법 변경

㈜중소상사는 기계장치A를 20×1년 1월 1일에 취득하여 정률법으로 상각하여 오던 중 20×3년 1월 1일에 정액법으로 감가상각방법을 변경하기로 하였다.

- 취득원가: 20,000원

· 내용연수: 4년
· 잔존가치: 1,000원
· 정률법 상각률: 0.528 (법인세법 시행규칙 별표 4의 상각률 참조)

① 20×3년 초 장부금액: 20,000 − 10,560*1 − 4,984*2 = 4,456(원)

*1) 20×1년 감가상각비: (20,000 − 0) × 0.528 = 10,560
*2) 20×2년 감가상각비: (20,000 − 10,560) × 0.528 = 4,984

② 20×3년도 감가상각비: (4,456 − 1,000) ÷ 2 = 1,728(원)

20×3. 1. 1. 〈회계처리 없음〉

20×3. 12. 31.

(차) 감가상각비	1,728	(대) 감가상각누계액	1,728

〈주석〉 당기 중 회사는 기계장치의 감가상각방법을 종전 정률법에서 정액법으로 변경하고, 그 변경효과를 전진적으로 회계처리하였습니다. 회사의 이러한 감가상각방법의 변경은 해당 자산의 경제적 효익이 소멸되는 형태를 반영하기 위한 회계정책의 변경으로 더 신뢰성 있고 목적적합한 정보를 제공하기 위한 것입니다.

유형자산의 감가상각누계액과 손상차손누계액은 유형자산 각 항목의 차감계정으로 대차대조표에 표시한다.(제11조③)

[사례 7-4] 유형자산의 표시

감가상각누계액과 손상차손누계액은 다음과 같이 유형자산 각 항목의 차감계정으로 대차대조표에 표시한다.

유형자산		×××
토지	1,000	
건물	2,000	
(-) 감가상각누계액	(200)	
기계장치	3,000	
(-) 감가상각누계액	(450)	
(-) 손상차손누계액	(1,000)	
......	×××	

4 유형자산의 제거

유형자산을 폐기하거나 처분하는 경우 그 자산을 대차대조표에서 제거하고 처분금액과 장부금액의 차액을 유형자산처분손익으로 인식한다.(제11조④)

[사례 7-5] 유형자산의 제거

㈜중소상사는 차량A를 20×1년 1월 1일에 취득하여 정액법으로 감가상각을 하다가 20×3년 6월 30일에 현금 10,000원을 받고 처분하였다.

- 취득원가: 20,000원
- 내용연수: 4년
- 잔존가치: 2,000원

① 20×1. 1. 1.

(차) 차량운반구	20,000	(대) 현　　금	20,000

② 20×1. 12. 31, 20×2. 12. 31.

(차) 감가상각비	4,500*	(대) 감가상각누계액	4,500

* (20,000 − 2,000) ÷ 4 = 4,500

③ 20×3. 6. 30.

(차) 감가상각비	2,250*1	(대) 감가상각누계액	2,250
(차) 현　　금	10,000	(대) 차량운반구	20,000
감가상각누계액	11,250	유형자산처분이익	1,250*2

*1) (20,000 − 2,000) ÷ 4 × (6 ÷ 12)
*2) 10,000 − (20,000 − 4,500 − 4,500 − 2,250) = 1,250

[참고] (감가)상각 관련 법인세법 규정

- **법인세법 제23조(감가상각비의 손금불산입)** ① 고정자산에 대한 감가상각비는 내국법인이 각 사업연도에 손금으로 계상한 경우에만 대통령령으로 정하는 바에 따라 계산한 금액(이하 이 조에서 "상각범위액"이라 한다)의 범위에서 해당 사업연도의 소득금액을 계산할 때 이를 손금에 산입하고, 그 계상한 금액 중 상각범위액을 초과하는 부분의 금액은 손금에 산입하지 아니한다. 다만, 해당 내국법인이 법인세를 면제·감면받은 경우에는 해당 사업연도의 소득금액을 계산할 때 대통령령으로 정하는 바에 따라 감가상각

비를 손금에 산입하여야 한다.
② (생략)
③ 제1항 및 제2항에 따른 고정자산은 토지를 제외한 건물, 기계 및 장치, 특허권 등 대통령령으로 정하는 자산으로 한다.
④ 제1항 또는 제2항에 따라 감가상각비를 손금으로 계상한 내국법인은 대통령령으로 정하는 바에 따라 감가상각비에 관한 명세서를 납세지 관할 세무서장에게 제출하여야 한다.
⑤ 제1항 및 제2항을 적용할 때 감가상각비의 손금계상방법, 상각범위액을 초과하는 금액의 처리, 국제회계기준 적용 시기의 결정, 종전감가상각비 및 기준감가상각비의 계산 등에 필요한 사항은 대통령령으로 정한다.
[전문개정 2010.12.30]

〈잔존가치〉

- **법인세법 시행령 제26조(상각범위액의 계산)**

⑥ 상각범위액을 계산함에 있어서 감가상각자산의 잔존가액은 "0"으로 한다. 다만, 정률법에 의하여 상각범위액을 계산하는 경우에는 취득가액의 100분의 5에 상당하는 금액으로 하되, 그 금액은 당해 감가상각자산에 대한 미상각잔액이 최초로 취득가액의 100분의 5 이하가 되는 사업연도의 상각범위액에 가산한다.
⑦ 법인은 감가상각이 종료되는 감가상각자산에 대하여는 제6항의 규정에 불구하고 취득가액의 100분의 5와 1천원 중 적은 금액을 당해 감가상각자산의 장부가액으로 하고, 동 금액에 대하여는 이를 손금에 산입하지 아니한다.

〈내용연수, 상각률〉

- **법인세법 시행령 제26조의3(기준감가상각비의 계산)**

법 제23조제2항제2호에 따른 기준감가상각비는 개별 자산별로 해당 사업연도의 결산상각방법과 기획재정부령으로 정하는 기준내용연수(이하 "기준내용연수"라 한다)를 적용하여 계산한다.

- **법인세법 시행규칙 제13조의2(기준내용연수)**

법 제23조제2항제2호 및 영 제26조의3에서 "기획재정부령으로 정하는 기준내용연수"란 영 제28조제1항제1호의 감가상각자산의 경우에는 별표 2 및 별표 3에 따른 내용연수를, 영 제28조제1항제2호의 감가상각자산의 경우에는 별표 5 및 별표 6에 따른 기준내용연수를 말한다.

• **법인세법 시행령 제28조(내용연수와 상각률)**

① 감가상각자산의 내용연수와 당해 내용연수에 따른 상각률은 다음 각 호의 규정에 의한다. 〈개정 2001.12.31, 2002.12.30, 2008.2.29, 2010.12.30〉

1. 기획재정부령이 정하는 시험연구용자산과 제24조제1항제2호가목 내지 라목의 규정에 의한 무형고정자산
   기획재정부령이 정하는 내용연수와 그에 따른 기획재정부령이 정하는 상각방법별 상각률(이하 "상각률"이라 한다)
2. 제1호 외의 감가상각자산(제24조제1항제2호바목부터 아목까지의 규정에 따른 무형고정자산은 제외한다)
   구조 또는 자산별·업종별로 기준내용연수에 그 기준내용연수의 100분의 25를 가감하여 기획재정부령으로 정하는 내용연수범위(이하 "내용연수범위"라 한다)안에서 법인이 선택하여 납세지 관할세무서장에게 신고한 내용연수(이하 "신고내용연수"라 한다)와 그에 따른 상각률. 다만, 제3항 각 호의 신고기한내에 신고를 하지 아니한 경우에는 기준내용연수와 그에 따른 상각률로 한다.

② 제1항의 규정을 적용함에 있어서 법 제6조의 규정에 의한 사업연도가 1년 미만인 경우에는 다음 산식에 의하여 계산한 내용연수와 그에 따른 상각률에 의한다. 이 경우 월수는 역에 따라 계산하되 1월 미만의 일수는 1월로 한다.

$$(\text{내용연수}\cdot\text{신고내용연수 또는 기준내용연수})\times\frac{12}{\text{사업연도의 월수}}$$

③ 법인이 제1항제2호의 규정에 의하여 내용연수를 신고하고자 하는 때에는 기획재정부령이 정하는 내용연수신고서를 다음 각 호의 날이 속하는 사업연도의 법인세 과세표준의 신고기한까지 납세지 관할세무서장에게 제출(국세정보통신망에 의한 제출을 포함한다)하여야 한다. 〈개정 2004.3.17, 2008.2.29〉

1. 신설법인과 새로 수익사업을 개시한 비영리내국법인의 경우에는 그 영업을 개시한 날
2. 제1호외의 법인이 자산별·업종별 구분에 의한 기준내용연수가 다른 고정자산을 새로 취득하거나 새로운 업종의 사업을 개시한 경우에는 그 취득한 날 또는 개시한 날

④ 법인이 제1항제2호의 규정에 의하여 자산별·업종별로 적용한 신고내용연수 또는 기준내용연수는 그 후의 사업연도에 있어서도 계속하여 그 내용연수를 적용하여야 한다.

⑤ 제1항제2호 및 제3항의 규정에 의한 내용연수의 신고는 연단위로 하여야 한다.

• **법인세법 시행령 제29조(내용연수의 특례 및 변경)**

① 법인은 다음 각 호의 어느 하나에 해당하는 경우에는 제28조제1항제2호 및 같은 조 제4항에도 불구하고 기준내용연수에 기준내용연수의 100분의 50(제5호 및 제6호에 해당

하는 경우에는 100분의 25)을 가감하는 범위에서 사업장별로 납세지 관할 지방국세청장의 승인을 얻어 내용연수범위와 달리 내용연수를 적용하거나 적용하던 내용연수를 변경할 수 있다. 〈개정 2008.2.29, 2010.12.30〉

1. 사업장이 위치한 지리적·환경적 특성으로 자산의 부식·마모 및 훼손의 정도가 현저한 경우
2. 영업개시후 3년이 경과한 법인으로서 당해 사업연도의 생산설비(건축물을 제외하며, 이하 "생산설비"라 한다)의 기획재정부령이 정하는 가동률(이하 이 항에서 "가동률"이라 한다)이 직전 3개 사업연도의 평균가동률보다 현저히 증가한 경우
3. 새로운 생산기술 및 신제품의 개발·보급 등으로 기존 생산설비의 가속상각이 필요한 경우
4. 경제적 여건의 변동으로 조업을 중단하거나 생산설비의 가동률이 감소한 경우
5. 제28조제1항제2호에 해당하는 감가상각자산에 대하여 국제회계기준을 최초로 적용하는 사업연도에 결산내용연수를 변경한 경우(결산내용연수가 연장된 경우 내용연수를 연장하고 결산내용연수가 단축된 경우 내용연수를 단축하는 경우만 해당하되 내용연수를 단축하는 경우에는 결산내용연수보다 짧은 내용연수로 변경할 수 없다)
6. 제28조제1항제2호에 해당하는 감가상각자산에 대한 기준내용연수가 변경된 경우. 다만, 내용연수를 단축하는 경우로서 결산내용연수가 변경된 기준내용연수의 100분의 25를 가감한 범위 내에 포함되는 경우에는 결산내용연수보다 짧은 내용연수로 변경할 수 없다.

② 법인이 제1항에 따라 내용연수의 승인 또는 변경승인을 얻고자 할 때에는 제28조제3항 각 호의 날부터 3월 또는 그 변경할 내용연수를 적용하고자 하는 최초 사업연도의 종료일까지 기획재정부령으로 정하는 내용연수승인(변경승인)신청서를 납세지 관할 세무서장을 거쳐 관할 지방국세청장에게 제출(국세정보통신망에 의한 제출을 포함한다)하여야 한다. 이 경우 내용연수의 승인·변경승인의 신청은 연단위로 하여야 한다. 〈개정 2004.3.17, 2006.2.9, 2008.2.29, 2010.12.30〉

③ 제2항에 따른 신청서를 접수한 납세지 관할세무서장은 신청서의 접수일이 속하는 사업연도 종료일부터 1개월 이내에 관할 지방국세청장으로부터 통보받은 승인 여부에 관한 사항을 통지하여야 한다. 〈개정 2006.2.9, 2010.12.30〉

④ 삭제 〈2010.12.30〉

⑤ 제1항의 규정에 의하여 감가상각자산의 내용연수를 변경(재변경을 포함한다)한 법인이 당해 자산의 내용연수를 다시 변경하고자 하는 경우에는 변경한 내용연수를 최초로 적용한 사업연도종료일부터 3년이 경과하여야 한다.

• **법인세법 시행규칙 제15조(내용연수와 상각률)**

① 영 제28조제1항제1호의 규정에서 "기획재정부령이 정하는 시험연구용자산"이라 함은 별표 2에 규정된 자산을 말한다. 〈개정 2008.3.31〉

② 영 제28조제1항제1호에서 "기획재정부령이 정하는 내용연수"라 함은 별표 2 및 별표 3에 규정된 내용연수를 말하고, 동호에서 "기획재정부령이 정하는 상각방법별 상각률"이라 함은 별표 4에 규정된 상각률을 말한다. 〈개정 2008.3.31〉

[별표 2]

시험연구용자산의 내용연수표(제15조제1항 및 제2항 관련)

<table>
<tr><th>자산범위</th><th>자산명</th><th>내용연수</th></tr>
<tr><td rowspan="2">1. 새로운 지식이나 기술의 발견을 위한 실험연구시설
2. 신제품이나 신기술을 개발할 목적으로 관련된 지식과 경험을 응용하는 연구시설
3. 신제품이나 신기술과 관련된 시제품, 원형, 모형 또는 시험설비 등의 설계, 제작 및 시설을 위한 설비
4. 새로운 기술에 수반되는 공구, 기구, 금형 등의 설계 및 시험적 제작을 위한 시설
5. 직업훈련용 시설</td><td>(1) 건물부속설비
(2) 구축물
(3) 기계장치</td><td>5년</td></tr>
<tr><td>(4) 광학기기
(5) 시험기기
(6) 측정기기
(7) 공구
(8) 기타 시험연구용 설비</td><td>3년</td></tr>
</table>

1. 시험연구용 자산 중 조세특례제한법 제11조의 규정에 의하여 기술 및 인력개발을 위한 설비투자에 대한 세액공제를 이미 받은 자산에 대하여는 이 내용연수표에 의한 감가상각비를 손금에 산입할 수 없다.
2. 법인이 시험연구용자산에 대하여 이 내용연수표를 적용하지 아니하고자 하는 경우에는 별표 5 건축물 등의 기준내용연수 및 내용연수범위표 또는 별표 6 업종별 자산의 기준내용연수 및 내용연수범위표를 적용하여 감가상각비를 손금에 산입할 수 있다.

[별표 3] 〈개정 2007.12.5〉

무형고정자산의 내용연수표(제15조제2항 관련)

구 분	내용연수	무형고정자산
1	5년	영업권, 디자인권, 실용신안권, 상표권
2	10년	특허권, 어업권, 「해저광물자원 개발법」에 의한 채취권(생산량비례법 선택적용), 유료도로관리권, 수리권, 전기가스공급시설이용권, 공업용수도시설이용권, 수도시설이용권, 열공급시설이용권
3	20년	광업권(생산량비례법 선택적용), 전신전화전용시설이용권. 전용측선이용권, 하수종말처리장시설관리권, 수도시설관리권
4	50년	댐사용권

[별표 4]

감가상각자산의 상각률표(제15조제2항 관련)

내용연수	정액법에 의한 상각률	정률법에 의한 상각률
년	할분리	할분리
2	500	777
3	333	632
4	250	528
5	200	451
6	166	394
7	142	349
8	125	313
9	111	284
10	100	259
11	090	239
12	083	221
13	076	206
14	071	193
15	066	182
16	062	171
17	058	162

18	055	154
19	052	146
20	050	140
21	048	133
22	046	128
23	044	123
24	042	118
25	040	113
26	039	109
27	037	106
28	036	102
29	035	099
30	034	096
31	033	093
32	032	090
33	031	087
34	030	085
35	029	083
36	028	080
37	027	078
38	027	076
39	026	074
40	025	073
41	025	071
42	024	069
43	024	068
44	023	066
45	023	065
46	022	064
47	022	062
48	021	061
49	021	060
50	020	059
51	020	058
52	020	056
53	019	055
54	019	054

55	019	054
56	018	053
57	018	052
58	018	051
59	017	050
60	017	049

③ 영 제28조제1항제2호에서 "기획재정부령으로 정하는 내용연수범위"란 별표 5 및 별표 6에 규정된 내용연수범위를 말한다. 〈개정 2008.3.31, 2011.2.28〉

[별표 5] 〈개정 2011.2.28〉

건축물 등의 기준내용연수 및 내용연수범위표(제15조제3항 관련)

구분	기준내용연수 및 내용연수범위(하한-상한)	구조 또는 자산명
1	5년 (4년～6년)	차량 및 운반구(운수업, 기계장비 및 소비용품 임대업에 사용되는 차량 및 운반구를 제외한다), 공구, 기구 및 비품
2	12년 (9년～15년)	선박 및 항공기(어업, 운수업, 기계장비 및 소비용품 임대업에 사용되는 선박 및 항공기를 제외한다)
3	20년 (15년～25년)	연와조, 블록조, 콘크리트조, 토조, 토벽조, 목조, 목골모르타르조, 기타 조의 모든 건물(부속설비를 포함한다)과 구축물
4	40년 (30년～50년)	철골・철근콘크리트조, 철근콘크리트조, 석조, 연와석조, 철골조의 모든 건물(부속설비를 포함한다)과 구축물

1. 건물(부속설비를 포함한다) 및 구축물이 기준내용연수 및 내용연수범위가 서로 다른 2 이상의 복합구조로 구성되어 있는 경우에는 주된 구조에 의한 기준내용연수 및 내용연수범위를 적용한다.
2. 구분 3과 구분 4를 적용함에 있어서 부속설비에는 당해 건물과 관련된 전기설비, 급배수・위생설비, 가스설비, 냉방・난방・통풍 및 보일러설비, 승강기설비 등 모든 부속설비를 포함하고, 구축물에는 하수도, 굴뚝, 경륜장, 포장도로, 교량, 도크, 방벽, 철탑, 터널 기타 토지에 정착한 모든 토목설비나 공작물을 포함한다. 다만, 부속설비를 건축물과 구분하여 업종별 자산으로 회계처리하는 경우에는 별표 6을 적용할 수 있다.

3. 구분 3과 구분 4를 적용함에 있어서 건물 중 변전소, 발전소, 공장, 창고, 정거장·정류장·차고용 건물, 폐수 및 폐기물처리용 건물, 유통산업발전법시행령에 의한 대형점용 건물(당해 건물의 지상층에 주차장이 있는 경우에 한한다), 국제회의산업육성에관한법률에 의한 국제회의시설 및 무역거래기반조성에관한법률에 의한 무역거래기반시설(별도의 건물인 무역연수원을 제외한다), 축사, 구축물 중 하수도, 굴뚝, 경륜장, 포장도로와 폐수 및 폐기물처리용 구축물과 기타 진동이 심하거나 부식성 물질에 심하게 노출된 것은 기준내용연수를 각각 10년, 20년으로 하고, 내용연수범위를 각각 (8년~12년), (15년~25년)으로 하여 신고내용연수를 선택적용할 수 있다.

[별표 6] 〈개정 2011.2.28〉

업종별자산의 기준내용연수 및 내용연수 범위표(제15조제3항 관련)

구분	기준내용연수 및 내용연수범위 (하한~상한)	적용대상자산(다음에 규정된 한국표준산업분류상 해당업종에 사용되는 자산)	
		대분류	중분류
1	5년 (4년~6년)	농업, 임업 및 어업	01. 농업. 다만, 과수의 경우에는 구분 5(15년~25년)를 적용한다. 02. 임업
		광업	05. 석탄, 원유 및 천연가스 광업
		제조업	18. 인쇄 및 기록매체복제업 21. 의료용 물질 및 의약품 제조업 26. 전자부품, 컴퓨터, 영상, 음향 및 통신장비 제조업. 다만, 마그네틱 및 광학 매체 제조업(2660)은 구분 2(6년~10년)를 적용하고, 전자코일, 변성기 및 기타 전자유도자 제조업(26295) 및 유선 통신장비 제조업(26410) 중 중앙통제실 송신용 침입 및 화재경보 시스템 제조는 구분 3(8년~12년)을 적용한다.
		하수·폐기물 처리, 원료재생 및 환경복원업	37. 하수·폐수 및 분뇨 처리업 38. 폐기물 수집운반, 처리 및 원료재생업. 다만, 금속 및 비금속원료 재생업(3830) 중 재생용 금속·비금속 가공원료 생산업은 구분 3(8년~12년)을 적용한다. 39. 환경 정화 및 복원업

건설업	41. 종합건설업 42. 전문직별 공사업
도매 및 소매업	45. 자동차 및 부품 판매업 46. 도매 및 상품중개업 47. 소매업(자동차는 제외한다)
운수업	49. 육상 운송 및 파이프라인 운송업. 다만, 철도운송업(491) 및 도시철도 운송업(49211)은 구분 5(15년~25년)를 적용하고 택배업(49402) 중 택배 및 늘찬 배달업(49402)은 구분 2(6년~10년)를 적용한다.
출판, 영상, 방송통신 및 정보서비스업	58. 출판업 59. 영상·오디오 기록물 제작 및 배급업 60. 방송업 62. 컴퓨터 프로그래밍, 시스템 통합 및 관리업 63. 정보서비스업
금융 및 보험업	64. 금융업 65. 보험 및 연금업 66. 금융 및 보험관련 서비스업
부동산업 및 임대업	68. 부동산업 69. 임대업(부동산은 제외한다)
전문, 과학 및 기술 서비스업	70. 연구개발업 71. 전문 서비스업 72. 건축기술, 엔지니어링, 기타 과학기술 서비스업 73. 기타 전문, 과학 및 기술 서비스업
사업시설관리 및 사업지원 서비스업	74. 사업시설관리 및 조경 서비스업 75. 사업지원 서비스업. 다만, 여행사 및 기타 여행 보조 서비스업(752)은 구분 2(6년~10년)를 적용한다.
공공행정, 국방 및 사회보장행정	84. 공공행정, 국방 및 사회보장행정

		교육서비스업	85. 교육서비스업
		보건업 및 사회복지 서비스업	86. 보건업 87. 사회복지사업
		예술, 스포츠 및 여가 관련 서비스업	90. 창작, 예술 및 여가 관련 서비스업 91. 스포츠 및 오락 관련 서비스업
		협회 및 단체, 수리 및 기타 개인 서비스업	94. 협회 및 단체 95. 수리업 96. 기타 개인 서비스업
		가구내 고용활동 및 달리 분류되지 않은 자가소비 생산활동	97. 가구내 고용활동 98. 달리 분류되지 않은 자가소비를 위한 가구의 재화 및 서비스 생산활동
		국제 및 외국기관	99. 국제 및 외국기관
2	8년 (6년~10년)	제조업	14. 의복, 의복 액세서리 및 모피제품 제조업. 다만, 편조의복 제조업(143) 및 편조의복 액세서리 제조업(1441)은 구분 3(8년~12년)을 적용한다. 19. 코크스, 연탄 및 석유정제품 제조업. 다만, 코크스 및 연탄 제조업(1910) 중 연탄, 갈탄·토탄의 응집 유·무연탄 및 기타 유·무연탄 제조는 구분 1(4년~6년)을 적용한다. 20. 화학물질 및 화학제품 제조업(의약품은 제외한다). 다만, 살충제 및 기타 농약제조업(2041)은 구분 1(4년~6년)을 적용하고, 화약 및 불꽃제품 제조업(20494) 중 성냥 제조는 구분 3(8년~10년)을 적용한다.
		운수업	52. 창고 및 운송관련 서비스업
		숙박 및 음식점업	55. 숙박업 56. 음식점 및 주점업

		출판, 영상, 방송통신 및 정보서비스업	61. 통신업
3	10년 (8년～12년)	농업, 임업 및 어업	03. 어업. 다만, 내수면 양식 어업(03212) 중 수생파충류 및 개구리 양식은 구분 1(4년～6년)을 적용한다.
		광업	06. 금속광업 07. 비금속 광물광업(연료용을 제외한다). 다만, 그 외 기타 비금속광물 광업(0729) 중 토탄 채굴은 구분 1(4년～6년)을 적용한다. 08. 광업 지원 서비스업. 다만, 원유 및 천연가스 채굴관련 서비스업(08010) 및 기타 광업지원 서비스업(08090) 중 채굴목적 광물탐사활동, 유·무연탄 채굴 지원 서비스 및 갈탄 및 토탄 채굴 지원 서비스는 구분 1(4년～5년)을 적용한다.
		제조업	10. 식료품 제조업 11. 음료 제조업 13. 섬유제품 제조업(의복을 제외한다). 다만, 섬유제품 염색, 정리 및 마무리 가공업(134)은 구분 2(6년～10년)를 적용한다. 15. 가죽, 가방 및 신발제조업. 다만, 원피가공 및 가죽제조업(1511)은 구분 2(6년～10년)를 적용한다. 16. 목재 및 나무제품제조업(가구는 제외한다) 17. 펄프, 종이 및 종이제품 제조업 22. 고무제품 및 플라스틱제품 제조업 23. 비금속 광물제품 제조업. 다만, 기타 산업용 유리제품 제조업(23129) 중 평판디스플레이용 유리의 제조업과 브라운관용 벌브유리의 제조업은 구분 1(4년～6년)을 적용한다.

<table>
<tr><td></td><td></td><td></td><td>24. 1차 금속 제조업. 다만, 기타 비철금속 제련, 정련 및 합금 제조업(24219) 중 우라늄 제련 및 정련업은 구분 2(6년~10년)를 적용한다.
25. 금속가공제품 제조업(기계 및 가구는 제외한다)
27. 의료, 정밀, 광학기기 및 시계 제조업
28. 전기장비 제조업
29. 기타 기계 및 장비 제조업
30. 자동차 및 트레일러 제조업
31. 기타 운송장비 제조업
32. 가구 제조업
33. 기타 제품 제조업</td></tr>
<tr><td rowspan="2">4</td><td rowspan="2">12년
(9년~15년)</td><td>제조업</td><td>12. 담배제조업</td></tr>
<tr><td>운수업</td><td>50. 수상 운송업. 다만, 외항화물운송업(50112)은 구분 5(15년~25년)를 적용한다.
51. 항공 운송업</td></tr>
<tr><td>5</td><td>20년
(15년~25년)</td><td>전기, 가스, 증기 및 수도사업</td><td>35. 전기, 가스, 증기 및 공기조절 공급업
36. 수도사업</td></tr>
</table>

1. 이 표는 별표 3이나 별표 5의 적용을 받는 자산을 제외한 모든 감가상각자산에 대하여 적용한다.
2. 내용연수범위가 서로 다른 2 이상의 업종에 공통으로 사용되는 자산이 있는 경우에는 그 사용기간이나 사용정도의 비율에 따라 사용비율이 큰 업종의 기준내용연수 및 내용연수범위를 적용한다.

- **법인세법 시행령 제29조의2(중고자산 등의 상각범위액)**

① 내국법인이 기준내용연수(해당 내국법인에게 적용되는 기준내용연수를 말한다)의 100분의 50 이상이 경과된 자산(이하 이 조에서 “중고자산”이라 한다)을 다른 법인 또는 「소득세법」 제28조에 따른 사업자로부터 취득(합병・분할에 의하여 자산을 승계한 경우를 포함한다)한 경우에는 그 자산의 기준내용연수의 100분의 50에 상당하는 연수와 기준내용연수의 범위에서 선택하여 납세지 관할세무서장에게 신고한 연수(이하 이 조에서 “수정내용연수”라 한다)를 내용연수로 할 수 있다. 이 경우 수정내용연수의 계산에 있어서 1년 미만은 없는 것으로 한다. 〈개정 2001.12.31, 2005.2.19, 2010.2.18, 2010.12.30〉

② 적격합병, 적격분할, 적격물적분할 또는 자산의 포괄적 양도(이하 이 조에서 “적격합병등”이라 한다)에 의하여 취득한 자산의 상각범위액을 정할 때 제26조제2항 각 호 및 같은 조 제6항에 따른 취득가액은 적격합병등에 의하여 자산을 양도한 법인(이하 이 조에서 “양도법인”이라 한다)의 취득가액으로 하고, 미상각잔액은 양도법인의 양도 당시의 장부가액(양도 당시의 시가에서 제80조의4제1항, 제82조의4제1항, 제84조제4항 또는 「조세특례제한법 시행령」 제35조제10항에 따른 자산조정계정을 뺀 금액을 말한다)에서 적격합병등에 의하여 자산을 양수한 법인(이하 이 조에서 “양수법인”이라 한다)이 이미 감가상각비로 손금에 산입한 금액을 공제한 잔액으로 하며, 해당 자산의 상각범위액은 다음 각 호의 어느 하나에 해당하는 방법으로 정할 수 있다. 이 경우 선택한 방법은 그 후 사업연도에도 계속 적용한다. 〈신설 2010.12.30, 2011.3.31, 2012.2.2〉

1. 양도법인의 상각범위액을 승계하는 방법. 이 경우 상각범위액은 법 및 이 영에 따라 양도법인이 적용하던 상각방법 및 내용연수에 의하여 계산한 금액으로 한다.
2. 양수법인의 상각범위액을 적용하는 방법. 이 경우 상각범위액은 법 및 이 영에 따라 양수법인이 적용하던 상각방법 및 내용연수에 의하여 계산한 금액으로 한다.

③ 제2항을 적용받은 법인이 적격요건위반사유에 해당하는 경우 해당 사유가 발생한 날이 속하는 사업연도 및 그 후 사업연도의 소득금액 계산 및 감가상각비 손금산입액 계산에 관하여는 제26조의2제10항을 준용한다. 이 경우 제26조의2제10항제1호의 금액에서 같은 항 제2호의 금액을 뺀 금액이 0보다 작은 경우에는 0으로 보며, 해당 사유가 발생한 날이 속하는 사업연도의 법 제60조에 따른 신고와 함께 제1항에 따라 적격합병등으로 취득한 자산 중 중고자산에 대한 수정내용연수를 신고하되, 신고하지 아니하는 경우에는 양수법인이 해당자산에 대하여 제28조제1항에 따라 정한 내용연수로 신고한 것으로 본다. 〈신설 2010.12.30〉

④ 제1항의 규정은 내국법인이 다음 각 호에 규정하는 기한내에 기획재정부령이 정하는 내용연수변경신고서를 제출한 경우에 한하여 적용한다. 〈개정 2001.12.31, 2008.2.29, 2010.12.30〉

1. 중고자산을 취득한 경우에는 그 취득일이 속하는 사업연도의 법인세 과세표준 신고기한
2. 합병·분할로 승계한 자산의 경우에는 합병·분할등기일이 속하는 사업연도의 법인세 과세표준 신고기한

제 8 장 무형자산

구 분			내 용
최초 인식	취득원가	개별 취득	· 구입원가 또는 제작원가(개발비의 경우 자산의 정의와 인식 조건을 모두 충족한 이후의 개발단계에서 발생한 지출) · 경영진이 의도하는 방식으로 자산을 가동하는 데 필요한 장소와 상태에 이르게 하는 데 직접 관련된 원가 가산 · 매입에누리 · 매입할인 · 매입환출 차감 · 이자비용 등은 취득원가에 포함 가능(법인세법 적용)
		현물출자, 증여, 기타 무상 취득	· 공정가치
		교환	· 이종 자산 교환: 제공한 자산의 공정가치(제공한 자산의 공정가치가 불확실한 경우 취득한 자산의 공정가치) · 동종 자산 교환: 제공한 자산의 장부금액
후속 측정	인식시점 이후지출	자본적 지출	· 해당 자산의 장부금액에 가산
		수익적 지출	· 당기비용
	장부금액		· 취득원가 – 상각누계액 – 손상차손누계액
	상각	의미	· 상각대상금액을 해당 자산을 사용할 수 있는 때부터 내용연수에 걸쳐 배분
		상각대상금액	· 취득원가 – 잔존가치
		잔존가치	· 원칙: 0 · 예외: 예상처분대가 – 예상처분비용 · 법인세법에 따라 잔존가치 결정 가능
		내용연수	· 자산의 예상 사용기간, 생산량 등을 고려하여 합리적으로 결정[20년 이내(관계 법령, 계약에서 정해진 경우 제외)] · 법인세법에 따라 내용연수 결정 가능
		상각방법	· 정액법, 생산량비례법 중 선택(단, 영업권: 정액법)
		변경	· 잔존가치 또는 내용연수 추정 변경, 상각방법의 변경: 전진적 회계처리(효과를 당기와 그 이후의 기간에 반영)
제거			· 처분: 자산을 대차대조표에서 제거, 처분금액과 장부금액의 차액을 당기손익으로 인식

1 정의

'무형자산'이란 재화를 생산하거나 용역을 제공하기 위하여, 또는 타인에게 임대하거나 직접 사용하기 위하여 보유한, 물리적 형체가 없는 비화폐성자산을 말한다.(제12조①) 무형자산에는 지식재산권, 개발비, 컴퓨터소프트웨어, 광업권, 임차권리금과 영업권 등이 포함된다.(제12조②)

식별가능성, 통제가능성 | 사업결합에서 발생하는 영업권을 제외한 무형자산은 별도로 식별할 수 있고 통제할 수 있어야 한다. 자산을 식별할 수 있다는 것은 해당 자산이 계약상의 권리 또는 그 밖의 법적 권리에서 발생하거나, 회사에서 자산을 분리하거나 분할할 수 있고 개별적으로 또는 관련된 계약, 식별되는 다른 자산 또는 부채와 함께 매각, 이전, 라이선스, 임대, 교환할 수 있다는 뜻이다. 자산을 통제할 수 있다는 것은 자산에 내재된 미래경제적 효익을 확보할 수 있고, 그 효익에 제3자가 접근하는 것을 제한할 수 있다는 뜻이다.

〈무형자산의 예〉

- 지식재산권: 일정 기간 독점적·배타적으로 이용할 수 있는 권리로서 특허권, 실용신안권, 디자인권 및 상표권 등을 포함한다.
- 개발비: 개발활동과 관련하여 발생한 지출 중 미래경제적 효익이 회사에 유입될 가능성이 매우 높고, 원가를 신뢰성 있게 측정할 수 있는 부분을 말한다.
- 컴퓨터소프트웨어: 유상으로 구입한 컴퓨터소프트웨어를 말한다.
- 광업권: 일정한 광구에서 등록한 광물과 해당 광상에 부존하는 다른 광물을 채굴하여 취득할 수 있는 권리를 말한다.
- 임차권리금: 토지 또는 건물을 임차할 때 그 부동산이 가지는 특수한 장소적 이익의 대가로 보증금 외에 지급하는 금액을 말한다.

2 최초 인식

(1) 인식 조건

무형자산은 해당 항목에서 발생하는 미래경제적 효익이 회사에 유입될 가능성이 매우 높고, 그 원가를 신뢰성 있게 측정할 수 있는 경우에 대차대조표에 인식한다.(제6조④)

(2) 취득원가

무형자산은 최초에 취득원가로 인식한다.(제36조①) 무형자산의 취득원가는 구입가격 또는 제작원가와 의도하는 방식으로 자산을 가동하는 데 필요한 장소와 상태에 이르게 하는 데 직접 관련되는 원가를 포함하며, 매입에누리, 매입할인과 매입환출을 차감한 금액을 말한다.(제38조①) 무형자산의 취득 자금에 포함된 차입금의 이자비용 등은 법인세법 제28조에 따라 해당 자산의 취득원가에 포함할 수 있다.(제38조②)

취득부대원가 | 무형자산을 사용할 수 있는 상태로 만드는 데 직접 기여한 종업원의 급여, 전문가 수수료, 기능 검사 원가도 자산을 가동하는 데 필요한 장소와 상태에 이르게 하는 데 직접 관련되는 원가에 포함될 수 있다.

교환, 현물출자, 증여, 그 밖에 무상으로 취득한 자산은 공정가치를 취득원가로 한다. 다만, 같은 종류의 자산을 교환하였을 때에는 제공한 자산의 장부금액을 취득원가로 한다.(제36조②)

(3) 개발지출

연구단계와 개발단계에서 발생한 지출은 발생한 회계연도에 판매비와관리비로 인식한다. 다만, 개발단계에서 발생한 지출이 제6조제3항제1호 자산의 정의와, 같은 조 제4항제1호 자산의 인식 조건을 모두 충족한다면 무형자산의 개발비로 인식한다.(제29조④)

개발비 | 개발단계에서 발생한 지출이 다음을 모두 충족한다면 자산의 정의와 인식 조건을 충족한다고 본다.

① 개발단계에서 발생한 지출을 신뢰성 있게 구분하여 측정할 수 있다.
② 무형자산을 완성시킬 수 있는 기술의 실현가능성과 이를 사용 · 판매하려는 회사의 의도를 제시할 수 있다.
③ 무형자산 또는 이를 사용한 제품 · 용역 시장의 존재, 내부적으로 사용되는 경우의 유용성 등을 제시할 수 있다.
④ 무형자산의 개발 완료, 사용 · 판매하는 데 필요한 자원(기술, 금전 등)을 충분히 확보하고 있다는 사실을 제시할 수 있다.

연구단계 | 연구단계에서는 미래경제적 효익을 창출할 무형자산이 존재한다는 것을 제시할 수 없기 때문에 해당 단계에서 발생한 지출은 발생 시점에 비용으로 인식한다. 연구단계와 개발단계로 구분할 수 없는 경우에는 그 활동에서 발생한 지출은 모두 연구단계에서 발생한 것으로 본다. 연구단계에 속하는 활동의 일반적인 예는 다음과 같다.

① 새로운 지식을 얻고자 하는 활동
② 연구 결과나 그 밖의 지식을 탐색 · 평가 · 최종선택 · 응용하는 활동
③ 재료, 장치, 제품, 공정, 시스템, 용역 등의 여러 가지 대안을 탐색하는 활동
④ 새롭거나 개선된 재료, 장치, 제품, 공정, 시스템, 용역 등의 여러 가지 대안을 제안 · 설계 · 평가 · 최종선택하는 활동

개발단계 | 개발단계는 연구단계보다 훨씬 더 진전되어 있는 상태이기 때문에 무형자산을 식별할 수 있고 미래경제적 효익을 창출할 것임을 제시할 수 있는 경우가 있다. 개발단계에 속하는 활동의 일반적인 예는 다음과 같다.

① 생산 또는 사용 전의 시작품과 모형을 설계 · 제작 · 시험하는 활동
② 새로운 기술과 관련된 공구, 금형, 주형 등을 설계하는 활동
③ 상업적 생산 목적이 아닌 소규모의 시험공장을 설계 · 건설 · 가동하는 활동
④ 새롭거나 개선된 재료, 장치, 제품, 공정, 시스템 및 용역 등의 최종 선정된 안을 설계 · 제작 · 시험하는 활동

무형자산의 원가 | 이미 비용으로 인식한 지출은 그 후에 무형자산의 원가로 인식

할 수 없고 자산의 정의와 인식 조건을 충족한 이후 발생한 지출금액부터 무형자산의 원가에 포함한다.

기간 비용 | 미래경제적 효익을 가져올 수 있는 지출이 발생하였더라도 인식기준을 충족하는 무형자산이나 다른 자산을 획득하거나 창출하지 못한다면, 그 지출은 발생한 기간에 비용으로 인식한다. 발생한 기간에 비용으로 인식하는 지출의 예는 다음과 같다.

① 법적 실체(회사)를 설립하는 데 발생하는 법적 비용과 같은 창업비
② 새로운 시설이나 사업을 개시할 때 발생하는 개업비
③ 새로운 영업을 시작하거나 새로운 제품 또는 공정을 시작하기 위하여 발생하는 지출 등과 같은 사업개시비용
④ 교육·훈련을 위한 지출
⑤ 광고 또는 판매촉진 활동을 위한 지출
⑥ 회사의 전부 또는 일부 이전이나 조직 개편에 관련된 지출
⑦ 연구단계의 활동을 위한 지출
⑧ 내부적으로 창출한 브랜드, 고객 목록 또는 이와 유사한 항목에 대한 지출

[사례 8-1] 연구단계와 개발단계의 지출

㈜중소기계에서 20×1년에 수행된 연구·개발 활동과 관련된 지출은 다음과 같다. 개발단계에서 발생한 지출은 무형자산의 정의와 인식 조건을 충족한다.

내 용	금액 (원)
· 새로운 공정의 대안을 최종선택하는 활동	50,000
· 생산 전의 시작품과 모형을 설계하는 활동	80,000
· 새로운 기술과 관련된 공구, 금형을 설계하는 활동	30,000
· 신제품 관련 특허권 취득 (20×1년 12월 31일)	20,000
· 연구시설 취득 (20×1년 1월 1일, 내용연수 30년, 정액법, 잔존가치 없음)	300,000

① 20×1년에 취득한 무형자산
개발비: 80,000 + 30,000 = 110,000(원)
특허권: 20,000(원)
② 20×1년 연구비: 50,000 + (300,000 ÷ 30) = 60,000(원)

3 후속 측정

(1) 장부금액

최초 인식 후에 무형자산의 장부금액은 취득원가에서 상각누계액과 손상차손누계액을 차감한 금액으로 결정한다.(제38조④)

(2) 자본적 지출과 수익적 지출

무형자산의 생산능력을 향상시키거나 내용연수를 연장시키는 등 자산의 가치를 실질적으로 높이는 지출(자본적 지출)은 해당 자산의 장부금액에 가산하고, 원상을 회복시키거나 능률을 유지하기 위한 지출은 발생한 회계연도의 비용으로 인식한다.(제38조③)

(3) 상각

취득원가에서 잔존가치를 차감하여 결정되는 무형자산의 상각대상금액은 해당 자산을 사용할 수 있는 때부터 내용연수에 걸쳐 배분한다.(제38조⑤)

상각 | 무형자산의 상각대상금액을 해당 자산을 사용할 수 있는 때부터 내용연수에 걸쳐 배분하는 것을 상각이라고 한다.

무형자산의 잔존가치는 없는 것으로 한다. 다만, 경제적 내용연수보다 짧은 상각기간을 정한 경우, 상각기간이 끝나는 시점에 잔존가치가 존재할 가능성이 매우 높다면 내용연수가 끝나는 시점의 예상처분대가에서 예상처분원가를 차감한 금액으로 추정한다. 무형자산의 잔존가치는 법인세법 제23조에 따라 결정할 수도 있다.(제38조⑥)

법인세법의 잔존가치 | 무형자산의 잔존가치를 0으로 한다.

무형자산의 내용연수는 자산의 예상 사용기간이나 생산량 등을 고려하여 합리적으

로 결정한다. 이 경우 무형자산의 상각기간은 독점적·배타적인 권리를 주는 관계 법령이나 계약에서 정해진 경우를 제외하고는 20년을 초과할 수 없다. 다만, 내용연수는 법인세법 제23조에 따라 결정할 수 있다.(제38조⑦)

무형자산의 상각방법은 정액법과 생산량비례법 중 하나를 선택한다. 다만, 사업결합에서 발생한 영업권에는 정액법을 사용한다.(제38조⑧)

무형자산의 상각방법

① **정액법** | 자산의 내용연수에 걸쳐 균등하게 상각비를 인식하는 방법이다. 이는 시간의 경과에 따라 자산의 가치가 일정하게 감소하는 경우 사용하기 적합한 방법이다. 정액법을 적용하는 경우 상각비는 다음과 같이 계산한다.

상각비＝(취득원가－잔존가치)÷내용연수

② **생산량비례법** | 생산량에 비례하여 자산이 소비된다는 것을 전제로 상각비를 계산하는 방법이다. 예를 들면, 광업권의 매 회계연도 상각비는 총채굴예정량에 대한 매 회계연도의 실제 채굴량의 비율을 상각대상금액에 곱하여 계산한다. 생산량비례법을 적용하는 경우 상각비는 다음과 같이 계산한다.

상각비＝(취득원가－잔존가치)×(당기 실제생산량÷추정 총생산량)

잔존가치 또는 내용연수에 대한 추정이 변경되거나 상각방법이 변경되는 경우에는 전진적으로 회계처리하여 그 효과를 당기와 그 이후의 회계연도에 반영한다.(제38조⑨)

[사례 8-2] 무형자산의 상각

① ㈜중소기계에서 20×3년 말 현재 보유중인 무형자산의 내용은 다음과 같다.

	취득원가	상 각
특허권	20×1년 12월 31일 취득원가: 20,000원	20×2년 1월 1일부터 사용 가능 내용연수: 10년 잔존가치: 없음 상각방법: 정액법

디자인권	20×3년 1월 1일 취득원가: 10,000원	20×3년 1월 1일부터 사용 가능 내용연수: 5년 잔존가치: 없음 상각방법: 정액법
개발비	20×1년 최초 취득원가: 110,000원 20×2년 추가 지출(자산의 정의와 인식 조건을 충족): 40,000원	20×3년 1월 1일부터 사용 가능 내용연수: 5년 잔존가치: 없음 상각방법: 정액법

〈20×3년 무형자산 상각비〉

· 특허권 상각비: (20,000 − 0) ÷ 10 = 2,000

· 디자인권 상각비: (10,000 − 0) ÷ 5 = 2,000

· 개발비 상각비: (110,000 + 40,000 − 0) ÷ 5 = 30,000

② 20×4년 초 시장 경쟁이 심화되어 특허권의 잔존 내용연수도 4년으로 변경하고 20×4년 말 현재 개발비의 순공정가치가 45,000원으로 하락한 것으로 판단하였다.

〈20×4년 무형자산 상각비와 손상차손〉

· 특허권 상각비: (20,000 − 2,000 × 2 − 0) ÷ 4 = 4,000

· 디자인권 상각비: (10,000 − 0) ÷ 5 = 2,000

· 개발비 상각비: (150,000 − 0) ÷ 5 = 30,000

· 개발비 손상차손: (150,000 − 30,000 × 2) − 45,000 = 45,000

무형자산은 상각누계액과 손상차손누계액을 취득원가에서 직접 차감한 잔액으로 대차대조표에 표시한다.(제12조③)

[사례 8-3] 무형자산의 표시

20×4년 말 현재 ㈜중소기계에서 보유중인 무형자산의 내용은 다음과 같다.

	특허권	디자인권	개발비
취득원가(원)	20,000	10,000	150,000
상각누계액(원) 손상차손누계액(원)	8,000 –	4,000 –	60,000 45,000
20×4년 말 잔액(원)	12,000	6,000	45,000

〈대차대조표 표시〉 특허권과 디자인권은 지식재산권으로 통합하고, 무형자산의 항목별로 상각누계액과 손상차손누계액을 차감한 잔액으로 표시하였다.

무형자산		63,000
지식재산권	18,000	
개발비	45,000	

4 무형자산의 제거

무형자산을 처분하는 경우 그 자산을 대차대조표에서 제거하고 처분금액과 장부금액의 차액을 무형자산처분손익으로 인식한다.(제12조④)

[사례 8-4] 무형자산의 제거

20×4년 말 현재 ㈜중소기계에서 보유중인 특허권을 20×5년 6월 30일에 12,000원에 처분하였다. ([사례 8-3] 연속)

	특허권	디자인권	개발비
취득원가(원)	20,000	10,000	150,000
상각누계액(원)	8,000	4,000	60,000
손상차손누계액(원)	–	–	45,000
20×4년 말 잔액(원)	12,000	6,000	45,000

20×5. 6. 30.

(차) 무형자산상각비	2,000*1	(대) 특 허 권	2,000
(차) 현 금	12,000	(대) 특 허 권	10,000*2
		무형자산처분이익	2,000*3

*1) [(20,000 − 2,000 × 2 − 0) ÷ 4] × (6 ÷ 12) = 2,000

*2) 12,000 − 2,000 = 10,000

*3) 12,000 − 10,000 = 2,000

제 9 장 이자비용 등의 자본화

구 분	회계처리
이자비용	· 당기 비용(영업외비용) · 적격자산의 취득원가에 포함 가능
적격자산	· 유형 · 무형자산 · '취득 시작일~의도한 용도로 사용 · 판매 가능한 상태'가 되기까지 1년 이상 걸리는 재고자산(유형 · 무형자산과 별도로 자본화 선택 가능)
자본화 방법	· 법인세법에 따라 자본화

1 적격자산

(1) 유형자산과 무형자산

유형자산과 무형자산의 취득 자금에 포함된 차입금의 이자비용 등은 법인세법 제28조에 따라 해당 자산의 취득원가에 포함할 수 있다.(제38조②)

(2) 재고자산

취득이 시작된 날부터 의도한 용도로 사용 · 판매할 수 있는 상태가 될 때까지 1년 이상이 걸리는 재고자산의 취득 자금에 포함된 차입금의 이자비용 등은 법인세법 제28조를 준용하여 해당 자산의 취득원가에 포함할 수 있다.(제37조③)

이자비용의 회계처리 | 회사는 모든 이자비용을 발생한 기간에 비용으로 인식할 수도 있고, 법인세법에 따라 유형자산과 무형자산의 취득과 관련된 이자비용을 자본화할 수도 있다. 취득기간이 1년 이상인 재고자산의 경우 유형자산 · 무형자산 이

자비용 등의 자본화와는 별도로 이자비용 자본화를 선택할 수 있다.

2 자본화 한도

자본화 한도 | 적격자산의 취득에 소요된 이자비용 등을 자본화하기로 결정한 경우 자본화 대상 이자비용 등의 범위, 자본화대상 기간 등은 법인세법의 규정을 적용하거나 준용한다.

특정차입금과 일반차입금 | 법인세법에 따르면 특정차입금(사업용 고정자산의 매입, 제작 또는 건설에 분명하게 소요된 차입금)에 대한 이자비용은 해당 자산의 취득원가에 가산해야 하고, 일반차입금(해당 사업연도에 상환하거나 상환하지 아니한 차입금 중 특정차입금을 제외한 금액)에 대한 이자비용은 회사의 선택에 따라 한도 내에서 자본화할 수 있다.

법인세법에 따른 자본화 대상 이자비용 등 | 법인세법에 따른 건설자금이자는 특정차입금 또는 일반차입금에 대하여 자산 취득기간에 발생주의를 기준으로 확정된 이자를 말한다. 이 경우 건설 등의 기간 중에 지급의무가 확정된 미지급이자는 포함하되, 건설 등의 시작 전에 지급된 이자는 제외한다(법인 46012-1012. 1995. 4. 13). 법인세법에 따른 건설자금이자에 포함되는 이자는 지급이자 또는 이와 유사한 성질의 지출금을 말한다. 그러나 특정차입금을 일시 예금함에 따라 발생하는 수입이자는 원본에 가산하는 자본적 지출금액에서 이를 차감한다(법인세법 시행령 제52조 ①·②).

법인세법에 따른 건설자금이자에는 지급이자 외에도 이와 유사한 성질의 지출금이 포함된다. 그 예는 다음과 같다.

① 금융기관으로부터 차입하는 때에 지급하는 지급보증료(통칙 28-52…1)
② 특정차입금에 대한 연체이자를 원본에 가산한 경우 그 가산한 금액(단, 그 원본에 가산한 연체이자에 대한 이자상당액은 손금)(법인세법 시행령 제52조④)
③ 고정자산 매입대금의 지급지연으로 실질적으로 소비대차로 전환된 경우, 건설 등이 준공된 날까지의 기간 중에 지급하는 이자(단, 건설 등이 준공된 날 이후의

이자는 손금)(통칙 28-52…2)
④ 금융리스이자비용(법인 22601-2186. 1986. 7. 9)
⑤ 사채할인발행차금 상각액(법인 22601-3304. 1988. 11. 15)
⑥ 진성어음할인차금과 당좌차월 발행한 당좌수표가 건설자금에 사용된 것이 분명한 경우 그 할인료와 지급이자(법인 46012-3238. 1997. 12. 11)

법인세법에 따른 건설자금이자에 포함되지 않는 지급이자 등의 예는 다음과 같다.
① 운영자금에 전용한 특정차입금 이자(법인세법 시행령 제52조③)
② 현재가치할인차금(장기할부조건 등으로 취득하는 경우 발생한 채무를 기업회계기준이 정하는 바에 따라 현재가치로 평가하여 현재가치할인차금으로 계상한 경우의 당해 현재가치할인차금)의 상각액(법인세법 시행령 제72조⑥)
③ 연지급수입에 따른 이자(법인세법 시행령 제72조⑥)
④ 외화차입금에 대한 외화평가손실 및 외화차손(재법인 46012-180. 1999. 11. 11)
⑤ 운용리스료(법인 22601-2020. 1986. 6. 24)

[사례 9-1] 특정차입금 이자비용 자본화

㈜중소전자는 20×1년 중에 공장을 신축하였고, 이와 관련하여 발생한 이자를 법인세법에 따라 해당 자산의 취득원가에 포함하되 특정차입금만을 자본화하기로 하였다.

- 자본화대상기간은 20×1년 1월 1일부터 10월 31일까지이며 연평균 지출액은 120,000원이다.
- 회사는 공장 신축에 사용할 목적으로 20×1년 1월 1일에 은행에서 100,000원을 차입하였고 차입과 관련하여 지급보증료 500원을 지급하였다. 해당 차입금에 대한 이자는 연 6%이다.
- 차입금액 중 60,000원은 20×1년 1월 1일 건설회사에 계약금으로 지급하였고 나머지 40,000원은 20×1년 5월 1일에 중도금으로 지급하였다.
- 회사는 차입금 중 계약금으로 지출한 금액을 제외한 40,000원을 4개월간 이자율 3%의 정기예금에 가입하였다.

특정차입금과 관련하여 자본화할 이자비용은 다음과 같다.

① 자본화기간 중 발생한 이자비용(A) = 100,000 × 6% × 304/365 = 4,997
② 차입과 관련하여 지출한 지급보증료(B) = 500

③ 일시 투자수익(C) = 40,000 × 3% × 120/365 = 395

④ 공장의 취득금액에 자본화할 이자비용 등 = (A) + (B) − (C) = 5,102(원)

[사례 9-2] 일반차입금과 특정차입금의 이자비용 자본화

- ㈜중소유통은 보유하고 있던 토지에 사옥을 건설하기 위하여 20×1년 1월 1일 H건설과 도급계약을 체결하였다. 사옥은 20×2년 6월 30일에 준공되었고 ㈜중소유통은 사옥을 건설하기 위해 다음과 같이 지출하였다.

20×1. 1. 1.	40,000원
20×1. 7. 1.	80,000원
20×1. 10. 1.	60,000원
20×2. 1. 1.	70,000원
합 계	250,000원

- ㈜중소유통의 20×1년도의 차입금은 다음과 같고, 20×2년도의 추가 차입금은 없다.

차입금	차입일	차입금액	상환일	이자율	이자지급 조건
a	20×1. 1. 1.	50,000원	20×2. 6.30	6%	분기별 복리, 매년 말 지급
b	20×0. 1. 1.	60,000원	20×2.12.31	5%	단리, 매년 말 지급
c	20×0. 1. 1.	70,000원	20×3.12.31	6%	단리, 매년 말 지급

차입금 a는 사옥건설을 위해 차입하였으며(특정차입금) 이 가운데 10,000원은 20×1년 1월 1일부터 6월 30일까지 연 4.5% 이자(단리)를 지급하는 정기예금에 예치하였다. 차입금 b와 차입금 c는 일반적인 목적으로 차입한 것(일반차입금)이다. 회계기간은 1월 1일부터 12월 31일까지이다. 20×1년도에 자본화한 이자비용은 5,843원이다.

20×2 회계연도에 발생한 특정차입금과 일반차입금의 이자비용을 자본화하면 다음과 같다.

① 적격자산에 대한 평균지출액

지출일	지출액	자본화대상기간	평균지출액
20×1. 1. 1.	40,000원	181/365	19,836
20×1. 7. 1.	80,000원	181/365	39,671
20×1.10. 1.	60,000원	181/365	29,753
20×2. 1. 1.	70,000원	181/365	34,712
합 계	250,000원		123,973

② 일반차입금의 자본화이자율의 계산

차입금	연평균 차입금액	이자비용
b	60,000원	3,000원
c	70,000원	4,200원
합 계	130,000원	7,200원

$$\text{자본화이자율} = \frac{7{,}200}{130{,}000} = 5.54\%$$

③ 특정차입금의 이자비용

당기에 발생한 이자비용	$50{,}000 \times (1 + 0.06/4)^2 - 50{,}000 =$	1,511(원)
자본화할 이자비용		1,511(원)

④ 일반차입금의 이자비용

자본화할 수 있는 이자비용: [123,973 − (50,000 × 181/365)] × 5.54% = 5,493(원)

한도 비교

차입금 b	60,000 × 5% =	3,000(원)
차입금 c	70,000 × 6% =	4,200(원)
합 계		7,200(원)

일반차입금의 이자비용(5,493원)은 당기 한도(7,200원)를 넘지 않으므로 전액 자본화할 수 있다.

⑤ 20×2년에 자본화할 수 있는 이자비용

1,511(특정차입금) + 5,493(일반차입금) = 7,004(원)

⑥ 건물의 취득원가

도급공사비 지출액:	250,000원
자본화된 이자비용(20×1년)	5,843원
자본화된 이자비용(20×2년)	7,004원
합 계	262,847원

[참고] 이자비용 등의 자본화 관련 법인세법 규정

• **법인세법 제28조(지급이자의 손금불산입)**

① 다음 각 호의 차입금의 이자는 내국법인의 각 사업연도의 소득금액을 계산할 때 손금에 산입하지 아니한다. 〈개정 2010.12.30, 2011.12.31〉

3. 대통령령으로 정하는 건설자금에 충당한 차입금의 이자

② 건설자금에 충당한 차입금의 이자에서 제1항제3호에 따른 이자를 뺀 금액으로서 대통령령으로 정하는 금액은 내국법인의 각 사업연도의 소득금액을 계산할 때 이를 손금에 산입하지 아니할 수 있다. 〈신설 2010.12.30〉

⑥ 제1항에 따른 차입금 및 지급이자의 범위와 계산 등에 관하여 필요한 사항은 대통령령으로 정한다. 〈개정 2010.12.30〉

• **법인세법 시행령 제52조(건설자금에 충당한 차입금의 이자의 범위)**

① 법 제28조제1항제3호에서 "대통령령으로 정하는 건설자금에 충당한 차입금의 이자"란 그 명목여하에 불구하고 사업용 고정자산의 매입·제작 또는 건설(이하 이 조에서 "건설등"이라 한다)에 소요되는 차입금(고정자산의 건설등에 소요된지의 여부가 분명하지 아니한 차입금은 제외한다. 이하 이 조에서 "특정차입금"이라 한다)에 대한 지급이자 또는 이와 유사한 성질의 지출금(이하 이 조에서 "지급이자등"이라 한다)을 말한다. 〈개정 2010.12.30〉

② 특정차입금에 대한 지급이자등은 건설등이 준공된 날까지 이를 자본적 지출로 하여 그 원본에 가산한다. 다만, 특정차입금의 일시예금에서 생기는 수입이자는 원본에 가산하는 자본적 지출금액에서 차감한다. 〈개정 2010.12.30〉

③ 특정차입금의 일부를 운영자금에 전용한 경우에는 그 부분에 상당하는 지급이자는 이를 손금으로 한다. 〈개정 2010.12.30〉

④ 특정차입금의 연체로 인하여 생긴 이자를 원본에 가산한 경우 그 가산한 금액은 이를 해당 사업연도의 자본적 지출로 하고, 그 원본에 가산한 금액에 대한 지급이자는 이를 손금으로 한다. 〈개정 2010.12.30〉

⑤ 특정차입금 중 해당 건설등이 준공된 후에 남은 차입금에 대한 이자는 각 사업연도의 손금으로 한다. 이 경우 건설등의 준공일은 당해 건설등의 목적물이 전부 준공된 날로 한다. 〈개정 2010.12.30〉

⑥ 제2항 및 제5항 후단에서 "준공된 날"이라 함은 다음 각 호의 1에 해당하는 날로 한다. 〈개정 2005.2.19〉

1. 토지를 매입하는 경우에는 그 대금을 청산한 날. 다만, 그 대금을 청산하기 전에 당해 토지를 사업에 사용하는 경우에는 그 사업에 사용되기 시작한 날

2. 건축물의 경우에는 「소득세법 시행령」 제162조의 규정에 의한 취득일 또는 당해 건설의 목적물이 그 목적에 실제로 사용되기 시작한 날(이하 이 항에서 "사용개시일"이라 한다) 중 빠른 날
3. 기타 사업용고정자산의 경우에는 사용개시일

⑦ 법 제28조제2항에서 "대통령령으로 정하는 금액"이란 해당 사업연도의 개별 사업용고정자산의 건설등에 대하여 제2호의 금액과 제3호의 비율을 곱한 금액과 제1호의 금액 중 적은 금액을 말한다. 〈신설 2010.12.30〉

1. 해당 사업연도 중 건설등에 소요된 기간에 실제로 발생한 일반차입금(해당 사업연도에 상환하거나 상환하지 아니한 차입금 중 특정차입금을 제외한 금액을 말한다. 이하 이 조에서 같다)의 지급이자등의 합계
2. 다음 산식에 따라 계산한 금액

$$\frac{\text{해당 건설등에 대하여 해당 사업연도에 지출한 금액의 적수}}{\text{해당 사업연도 일수}} - \frac{\text{해당 사업연도의 특정차입금의 적수}}{\text{해당 사업연도 일수}}$$

3. 다음 산식에 따라 계산한 금액

$$\text{일반 차입금에서 발생한 지급이자등의 합계액} \div \frac{\text{해당 사업연도의 일반차입금의 적수}}{\text{해당 사업연도 일수}}$$

- **법인세법 시행령 제72조(자산의 취득가액 등)**

③ 제2항을 적용할 때 취득가액에는 다음 각 호의 금액을 포함하는 것으로 한다. 〈개정 2006.2.9, 2010.12.30〉

2. 제52조의 규정에 의한 건설자금에 충당한 차입금의 이자

④ 제2항을 적용할 때 취득가액에는 다음 각 호의 금액을 포함하지 아니하는 것으로 한다. 〈개정 2002.12.30, 2008.2.29, 2010.12.30〉

1. 자산을 제68조제4항에 따른 장기할부조건 등으로 취득하는 경우 발생한 채무를 기업회계기준이 정하는 바에 따라 현재가치로 평가하여 현재가치할인차금으로 계상한 경우의 당해 현재가치할인차금
2. 기획재정부령이 정하는 연지급수입에 있어서 취득가액과 구분하여 지급이자로 계상한 금액
3. 제88조제1항제1호 및 제8호나목의 규정에 의한 시가초과액
4. 삭제 〈2001.12.31〉

⑥ 제4항제1호에 따른 현재가치할인차금의 상각액 및 같은 항 제2호에 따른 지급이자에 대하여는 법 제18조의2제1항제3호 · 법 제18조의3제1항제3호 · 법 제28조 · 법 제73조 ·

법 제98조 및 법 제120조를 적용하지 아니한다. 〈개정 2003.12.30, 2010.12.30〉

- **법인세법 시행규칙 제37조(자산의 취득가액)**

③ 영 제72조제4항제2호에서 "기획재정부령이 정하는 연지급수입"이라 함은 다음 각 호의 수입을 말한다. 〈개정 2005.2.28, 2006.3.14, 2007.3.30, 2008.3.31, 2011.2.28〉

1. 은행이 신용을 공여하는 기한부 신용장방식 또는 공급자가 신용을 공여하는 수출자 신용방식에 의한 수입방법에 의하여 그 선적서류나 물품의 영수일부터 일정기간이 경과한 후에 당해물품의 수입대금 전액을 지급하는 방법에 의한 수입
2. 수출자가 발행한 기한부 환어음을 수입자가 인수하면 선적서류나 물품이 수입자에게 인도되도록 하고 그 선적서류나 물품의 인도일부터 일정기간이 지난 후에 수입자가 해당 물품의 수입대금 전액을 지급하는 방법에 의한 수입
3. 정유회사, 원유・액화천연가스 또는 액화석유가스 수입업자가 원유・액화천연가스 또는 액화석유가스의 일람불방식・수출자신용방식 또는 사후송금방식에 의한 수입대금결제를 위하여 「외국환거래법」에 의한 연지급수입기간 이내에 단기외화자금을 차입하는 방법에 의한 수입
4. 그 밖에 제1호 내지 제3호와 유사한 연지급수입

- **법인세법 시행령 제55조(지급이자 손금불산입 적용순위)**

지급이자의 손금불산입에 관하여 법 제28조제1항 각 호의 규정이 동시에 적용되는 경우의 지급이자 손금불산입은 다음 각 호의 순서에 의한다. 〈개정 2005.2.19, 2006.2.9〉

1. 법 제28조제1항제1호의 규정에 의한 채권자가 불분명한 사채의 이자
2. 법 제28조제1항제2호의 규정에 의한 지급받은 자가 불분명한 채권・증권의 이자・할인액 또는 차익
3. 삭제 〈2005.2.19〉
4. 법 제28조제1항제3호의 규정에 의한 건설자금에 충당한 차입금의 이자
5. 삭제 〈2006.2.9〉
6. 제53조제2항의 규정에 의하여 계산한 지급이자

제 10 장 자산손상

구 분		내 용
손상차손 인식 상황		· 자산의 진부화 · 물리적인 손상 · 시장가치의 급격한 하락 · 그 밖에 위와 유사한 상황
측 정	손상차손	· 순공정가치가 장부금액보다 중요하게 낮은 경우 손상차손(당기손실) 인식 · 손상차손 = 장부금액 − 순공정가치 * 순공정가치: 공정가치 − 처분부대원가
	손상차손 환입	· 과거 인식한 손상차손이 더 이상 존재하지 않거나 감소한 경우 손상차손환입(당기이익) 인식 · 손상차손환입 = 순공정가치 − 장부금액 · 손상차손환입으로 증가된 장부금액은 과거에 손상차손을 인식하기 전 장부금액의 감가상각 또는 상각 후 잔액을 초과할 수 없음

1 손상차손의 인식

중소기업회계기준에서 별도로 정하는 경우를 제외하고는, 자산의 진부화, 물리적인 손상 또는 시장가치의 급격한 하락 등으로 자산의 순공정가치(공정가치에서 처분부대원가를 차감한 금액을 말한다)가 장부금액보다 중요하게 낮으면 장부금액을 순공정가치로 조정하고, 그 차액을 손상차손으로 인식한다.(제36조③)

별도로 정하는 손상 회계처리 | 시장가격이 있는 유가증권의 손상차손, 매출채권 등의 대손충당금, 재고자산의 저가법 적용은 별도의 기준에 따라 손상차손을 인식하는 경우에 해당한다(제11장 '금융상품', 제6장 '재고자산' 참조).

손상차손 인식 후의 (감가)상각 | 유형자산이나 무형자산에 손상차손을 인식한 후에는 손상차손이 반영된 장부금액을 기준으로 잔존내용연수에 걸쳐 감가상각비와 상각비를 인식한다.

2 손상차손환입

과거 회계연도에 인식한 손상차손이 더 이상 존재하지 않거나 감소하였다면 자산의 순공정가치가 장부금액을 초과하는 금액은 손상차손환입으로 인식한다. 다만, 손상차손환입으로 증가된 장부금액은 과거에 손상차손을 인식하기 전 장부금액의 감가상각 또는 상각 후 잔액을 초과할 수 없다.(제36조④)

영업권의 손상차손 | 영업권에 대해 인식한 손상차손은 후속기간에 환입할 수 없다.

[사례 10-1] 유형자산의 감가상각과 손상차손 인식

㈜중소기계는 유형자산B를 20×1년 1월 1일 취득하였고, 정액법으로 감가상각한다.

- 취득원가: 10,000원
- 내용연수: 10년
- 잔존가치: 없음
- 각 회계연도의 감가상각비: (10,000 − 0) ÷ 10 = 1,000(원)
- 20×1년 12월 31일의 장부금액: 10,000 − 1,000 = 9,000(원)

① 20×2. 12. 31. 유형자산의 순공정가치가 6,400원인 경우
감가상각비 1,000원을 반영한 후의 유형자산 장부금액 8,000원(10,000 − 2,000)과 순공정가치 6,400원을 비교하여 손상차손 1,600원을 인식한다.

20×2. 12. 31.

(차) 감가상각비	1,000	(대) 감가상각누계액	1,000
(차) 유형자산손상차손	1,600*	(대) 손상차손누계액	1,600

* (10,000 − 1,000 × 2) − 6,400

② 20×3년 감가상각

손상차손 인식 후의 새로운 장부금액 6,400원을 기준으로 잔존내용연수 8년에 걸쳐 매기 800원씩 감가상각비를 인식한다.

20×3. 12. 31.

(차) 감가상각비	800*	(대) 감가상각누계액	800

* 연간 감가상각비: (6,400 − 0) ÷ 8 = 800

③ 20×4. 12. 31. 유형자산의 순공정가치가 7,000원으로 회복된 경우

㉮ 감가상각비를 먼저 인식하면 20×4년 12월 31일의 장부금액은 4,800원(5,600 − 800)이 된다.

20×4. 12. 31.

(차) 감가상각비	800	(대) 감가상각누계액	800

㉯ 손상차손을 인식하지 아니하고 감가상각해 왔더라면 산출되었을 20×4년 12월 31일의 장부금액 6,000원[10,000 − (1,000 × 4)]을 한도로, ㉮의 장부금액(4,800원)을 초과하는 금액을 손상차손환입으로 회계처리한다.

20×4. 12. 31.

(차) 손상차손누계액	1,200	(대) 유형자산손상차손환입	1,200*

* min(7,000, 6,000) − 4,800 = 1,200

제 11 장 금융상품

<table>
<tr><th colspan="2" rowspan="2">구 분</th><th colspan="2">유가증권 · 파생상품 외의 금융상품</th><th colspan="2">유가증권</th></tr>
<tr><th>채 권</th><th>채 무</th><th>시장가격 有</th><th>시장가격 無</th></tr>
<tr><td colspan="2">항목(예)</td><td>매출채권, 대여금, 미수금, 미수수익</td><td>매입채무, 차입금, 사채, 미지급금, 미지급비용</td><td>상장주식, 상장채권</td><td>비상장주식, 사모사채</td></tr>
<tr><td colspan="2">최초 인식</td><td>· 취득원가
· 현재가치평가 아니할 수 있음</td><td>· 부담하는 채무액
· 현재가치평가 아니할 수 있음</td><td>· 취득원가
· 거래원가는 비용 처리</td><td>· 취득원가 (거래원가 포함)</td></tr>
<tr><td rowspan="2">후속측정</td><td>측정</td><td colspan="2">· 상각후원가
· 현재가치평가 시: 회수(상환)기간에 걸쳐 유효이자율법 또는 정액법으로 상각, 장부금액과 이자수익(이자비용)에 가감
· 현재가치평가 아니할 수 있음</td><td>· 시장가격
· 평가손익 (당기손익)
· 시장성 상실: 그 시점의 장부금액</td><td>· 지분증권: 취득원가
· 채무증권 현재가치평가: 유효이자율법 또는 정액법으로 상각, 장부금액과 이자수익에 가감</td></tr>
<tr><td>손상</td><td>회수 불확실한 채권은 합리적 · 객관적인 기준에 따라 대손추산액을 산출, 대손충당금 설정
· 대손상각비 (판관비)
· 기타대손상각비 (영업외비용)</td><td>–</td><td>–</td><td>· 손상 증거 발견: 회수가능액을 추정하여 손상차손 인식 (당기손실)
· 손상차손 회복: 손상차손 인식 금액을 한도로 손상차손환입(당기이익)</td></tr>
<tr><td colspan="2">제 거</td><td>양도(예: 할인, 배서)
* 관련 의무는 충당부채 인식 고려</td><td>소멸, 제3자에게 이전</td><td colspan="2">통제 상실(예: 권리 전부 실현, 만료, 처분)</td></tr>
</table>

1 유가증권 · 파생상품 외의 금융상품

(1) 정의

금융상품 | 금융상품은 금융자산과 금융부채로 구분되고 매출채권, 대여금, 매입채무, 차입금과 같은 채권 · 채무, 유가증권, 파생상품을 포함한다.

〈유가증권 · 파생상품 외의 금융상품의 예〉

- 매출채권: 일반적인 상거래(예: 상품 · 제품 판매)에서 발생한 외상매출금과 받을어음을 말한다.
- 미수금: 일반적인 상거래 외의 거래(예: 유형자산 · 유가증권 처분)에서 발생한 채권을 말한다.
- 미수수익: 기간 경과에 따라 발생하는 이자, 임대료 등의 당기수익 중 미수액을 말한다.
- 매입채무: 일반적인 상거래(예: 원재료 · 상품 매입)에서 발생한 외상매입금과 지급어음을 말한다.
- 미지급금: 일반적인 상거래 외의 거래(예: 유형자산 · 유가증권 구입)에서 발생한 채무를 말한다.
- 미지급비용: 기간이 경과되어 보험료, 임차료, 이자 등의 비용이 발생하였으나 약정된 지급일이 되지 않아 지급되지 아니한 금액을 말한다.

(2) 최초 인식

금융자산은 최초에 취득원가로 인식한다.(제36조①) 다만, 매출채권, 대여금, 미수금, 미수수익 등(이하 '매출채권 등'이라 한다)은 현재가치평가를 아니할 수 있다.(제40조①)

매입채무, 차입금, 사채, 미지급금, 미지급비용, 예수금 등(이하 '매입채무 등'이라 한다)은 부담하는 채무액으로 최초에 측정한다. 다만, 현재가치평가를 아니할 수 있다.(제41조①)

현재가치평가 | 금융자산과 금융부채는 최초 인식 시점의 공정가치(현재가치 포함)가 취득원가 또는 부담하는 채무액과 같은 것이 일반적이다. 그러나 중소기업회계기준에서는 매출채권, 매입채무 등을 최초로 인식하는 시점의 현재가치와 만기금액이 다르더라도 현재가치평가를 하지 않을 수 있도록 허용한다.

(3) 후속 측정

㈎ 상각후원가

매출채권 등의 장부금액과 만기금액에 차이가 있는 경우 그 차이를 상환기간에 걸쳐 유효이자율법이나 정액법으로 상각하여 장부금액과 이자수익에 반영한다.(제40조②)

매입채무 등의 장부금액과 만기금액에 차이가 있는 경우 그 차이를 상환기간에 걸쳐 유효이자율법이나 정액법으로 상각하여 장부금액과 이자비용에 반영한다.(제41조②)

장부금액과 만기금액에 차이가 있는 금융상품 | 장기연불조건의 매매거래나 장기금전대차거래에서 발생하는 채권·채무를 현재가치로 평가하거나 발행시점에 발행비용이 취득원가에 포함된다면(예: 사채발행비용) 장부금액과 만기금액에 차이가 생긴다. 이러한 금융상품의 만기금액과 취득원가가 다르다면 최초 인식 시점의 측정금액과 만기금액의 차이를 금융자산을 회수하거나 금융부채를 상환하는 기간에 걸쳐 유효이자율법이나 정액법을 적용하여 상각하는 회계처리를 해야 한다.

유효이자율 | 금융상품의 예상존속기간에 예상되는 미래현금 유출과 유입의 현재가치를 순장부금액과 일치시키는 이자율을 말한다. 유효이자율을 계산할 때에는 해당 금융상품의 모든 계약조건을 고려하여 미래현금흐름을 추정해야 한다. 유효이자율을 계산할 때에는 계약 당사자 사이에서 지급하거나 수취하는 수수료와 거래원가, 그 밖의 할증액과 할인액 등을 반영한다. 한편, 유효이자율을 구하는 것이 실무적으로 어렵다면 정액법을 적용할 수 있다. 각 방법에 따른 상각액은 다음과 같이 산출한다.

유효이자율법	(장부금액×유효이자율) – 액면이자
정액법	(만기금액 – 최초 인식 금액)÷상환기간

[사례 11-1] 장기할부매출

㈜중소상사는 20×2년 1월 1일에 ㈜H쇼핑에 상품을 매출하고, 20×2년 12월 31일과 20×3년 12월 31일에 각각 5,000원씩 회수하기로 하였다. (유효이자율: 10%)

· 연금현가계수(n=2, 10%): 1.7355
· 매출채권의 현재가치: 5,000×1.7355=8,678(원)

① 현재가치평가 – 유효이자율법 적용

· 상각표

일 자	상각액(A)	현금 유입액(B)	원금 회수액(B – A)	장부금액
20×2. 1. 1.	–	–	–	8,678
20×2. 12. 31.	867*1	5,000	4,133	4,545
20×3. 12. 31.	455*2	5,000	4,545	–
합 계	1,322	10,000	8,678	

*1) 8,678×10%
*2) 4,545×10%

㉮ 20×2. 1. 1.

(차) 매출채권	8,678	(대) 매 출	8,678

㉯ 20×2. 12. 31.

(차) 현 금	5,000	(대) 매출채권	4,133
		이자수익	867

㉰ 20×3. 12. 31.

(차) 현 금	5,000	(대) 매출채권	4,545
		이자수익	455

〈현재가치할인차금 계정을 사용하는 경우〉

㉮ 20×2. 1. 1.

(차) 매출채권	10,000	(대) 매 출	8,678
		현재가치할인차금	1,322

㉯ 20×2. 12. 31.

(차)	현　　금	5,000	(대) 매출채권	5,000
	현재가치할인차금	867	이자수익	867

㉰ 20×3. 12. 31.

(차)	현　　금	5,000	(대) 매출채권	5,000
	현재가치할인차금	455	이자수익	455

② 현재가치평가 – 정액법 적용

· 상각표

일 자	상각액(A)	현금 유입액(B)	원금 회수액(B – A)	장부금액
2012. 1. 1.	–	–	–	8,678
2012. 12. 31.	661*	5,000	4,339	4,339
2013. 12. 31.	661*	5,000	4,339	–
합 계	1,322	10,000	8,678	

* (10,000 – 8,678) ÷ 2

㉮ 20×2. 1. 1.

(차)	매출채권	8,678	(대) 매　　출	8,678

㉯ 20×2. 12. 31.

(차)	현　　금	5,000	(대) 매출채권	4,339
			이자수익	661

㉰ 20×3. 12. 31.

(차)	현　　금	5,000	(대) 매출채권	4,339
			이자수익	661

〈현재가치할인차금 계정을 사용하는 경우〉

㉮ 20×2. 1. 1.

(차)	매출채권	10,000	(대) 매　　출	8,678
			현재가치할인차금	1,322

㉯ 20×2. 12. 31.

(차)	현　　금	5,000	(대) 매출채권	5,000
	현재가치할인차금	661	이자수익	661

㉰ 20×3. 12. 31.

(차) 현 금	5,000	(대) 매출채권	5,000
현재가치할인차금	661	이자수익	661

③ 현재가치평가를 하지 않는 경우

㉮ 20×2. 1. 1.

(차) 매출채권	10,000	(대) 매 출	10,000

㉯ 20×2. 12. 31.

(차) 현 금	5,000	(대) 매출채권	5,000

㉰ 20×3. 12. 31.

(차) 현 금	5,000	(대) 매출채권	5,000

수익의 측정 | 장기연불조건의 매매거래에서 발생한 매출채권을 현재가치로 평가하지 않기로 하였다면 수익(매출액)도 동일하게 측정하여 별도의 이자수익이 발생하지 않는다.

[사례 11-2] 장기금전대차거래

㈜중소상사는 20×1년 1월 1일에 주주인 김달봉 씨에게서 8,264원을 빌리고 20×2년 12월 31일에 10,000원을 갚기로 하였다. (유효이자율: 10%)

· 현가계수(n = 2, 10%): 0.8264
· 차입금의 현재가치: 10,000 × 0.8264 = 8,264(원)

① 현재가치평가 – 유효이자율법 적용

· 상각표

일 자	상각액	장부금액
20×1. 1. 1.	–	8,264
20×1. 12. 31.	827	9,091
20×2. 12. 31.	909	10,000
합 계	1,736	

㉮ 20×1. 1. 1.

(차) 현　　금	8,264	(대) 차 입 금	8,264

㉯ 20×1. 12. 31.

(차) 이자비용	827	(대) 차 입 금	827

㉰ 20×2. 12. 31.

(차) 이자비용	909	(대) 차 입 금	909
(차) 차 입 금	10,000	(대) 현　　금	10,000

② 현재가치평가－정액법 적용

· 상각표

일 자	상각액	장부금액
20×1. 1. 1.	－	8,264
20×1. 12. 31.	868	9,132
20×2. 12. 31.	868	10,000
합 계	1,736	

㉮ 20×1. 1. 1.

(차) 현　　금	8,264	(대) 차 입 금	8,264

㉯ 20×1. 12. 31.

(차) 이자비용	868	(대) 차 입 금	868

㉰ 20×2. 12. 31.

(차) 이자비용	868	(대) 차 입 금	868
(차) 차 입 금	10,000	(대) 현　　금	10,000

계약시점의 시장이자율 | 은행 등의 금융기관에서 차입을 하면 계약시점에 시장이자율로 결정된 이자를 매년 지급하는 것이 일반적이다. 이러한 경우에는 대체로 부채의 만기금액이 현재가치 평가금액과 일치하므로 별도로 현재가치평가를 하지는 않는다.

㈏ 대손충당금

원금이나 이자 등의 일부 또는 전부를 회수하지 못할 가능성이 있는 매출채권 등은 합리적이고 객관적인 기준에 따라 대손추산액을 산출하여 대손충당금으로 설정하

고, 기존 대손충당금 잔액과의 차이는 대손상각비로 인식한다.(제40조③)

매출채권 등의 원금이나 이자 등의 일부 또는 전부를 회수할 수 없게 된 경우, 대손충당금과 상계하고, 대손충당금이 부족한 경우에는 그 부족액을 대손상각비로 인식한다.(제40조④)

매출채권에 대한 대손상각비는 판매비와관리비의 대손상각비로, 그 밖의 채권에 대한 대손상각비는 영업외비용의 기타대손상각비로 구분한다.(제40조⑤) 영업활동과 관련된 비용이 감소하여 발생하는 대손충당금환입은 판매비와관리비의 부(-)의 금액으로 표시한다.(제29조③)

매출채권, 대여금, 미수금, 미수수익 등에 대한 대손충당금은 해당 자산의 차감계정으로 대차대조표에 표시한다.(제7조③)

대손충당금 설정 기준 | 대손이 예상되는 채권에 대해 합리적이고 객관적인 기준에 따라 산출한 대손예상액을 대손충당금으로 설정해야 한다. 대손 경험이 없는 경우 등과 같이 합리적이고 객관적인 다른 기준을 구하기 어려운 경우에는 법인세법에서 정한 손금산입한도액 산정 방식을 활용할 수 있다. 법인세법 제34조와 같은 법 시행령 제61조에 따르면 손금산입한도액은 채권금액에 대손실적률이나 1%를 곱한 금액 중 큰 금액으로 한다.

[사례 11-3] 대손충당금의 계산과 표시

㈜중소전자의 20×1년 말 매출채권 잔액은 760,000원이고 회수가능성은 다음과 같다.

경과 일수	금액 (원) (A)	회수가능성 (B)	손상추정액 (원) [A×(1–B)]
15일 이하	500,000	98%	10,000
16일~30일	150,000	90%	15,000
31일~45일	50,000	80%	10,000
46일~60일	30,000	70%	9,000
61일~75일	20,000	60%	8,000
75일 초과	10,000	0%	10,000
계	760,000		62,000

대차대조표에는 해당 대손충당금을 매출채권의 차감계정으로 표시한다.

당좌자산		×××
매출채권	760,000	
(-) 대손충당금	(62,000)	
……		×××

[사례 11-4] 대손충당금 회계처리

① ㈜중소상사의 20×0년 말 대손충당금 잔액은 2,000원이었으나, 20×1년에 발생한 매출채권 중 2,000원이 회수할 수 없는 것으로 확정되어 대손 처리하였다. 20×1년 12월 31일 현재 매출채권 잔액은 100,000원이고, 회사는 매출채권 잔액의 5%를 대손예상액으로 추정하고 있다.

(차) 대손상각비	5,000	(대) 대손충당금	5,000

* 100,000 × 5% = 5,000

② 20×2년 2월에 전기에 발생한 매출채권 가운데 3,000원이 거래처의 부도로 회수할 수 없는 것으로 확정되었다.

(차) 대손충당금	3,000	(대) 매출채권	3,000

③ 20×2년 5월에, 연초에 발생한 매출채권 중 2,500원이 회수할 수 없는 것으로 확정되었다.

(차) 대손충당금	2,000	(대) 매출채권	2,500
대손상각비	500		

④ 20×1년에 회수하기 어렵다고 판단하여 대손 처리한 매출채권 2,000원이 현금으로 회수되었다.

(차) 현　　금	2,000	(대) 대손충당금	2,000

⑤ 20×2년 12월 31일 현재 ㈜중소상사의 매출채권 잔액은 40,000원이며 회사는 당기말 매출채권 잔액의 4%를 대손예상액으로 추정하고 있다.

(차) 대손충당금	400	(대) 대손충당금환입	400*

* 2,000(직전 대손충당금 장부금액) − 1,600** = 400

** 40,000 × 4% = 1,600

[참고] 대손충당금 손금산입한도액 관련 법인세법 규정

• **법인세법 제34조(대손충당금의 손금산입)**

① 내국법인이 각 사업연도에 외상매출금·대여금, 그 밖에 이에 준하는 채권의 대손(貸損)에 충당하기 위하여 대손충당금을 손금으로 계상한 경우에는 대통령령으로 정하는 바에 따라 계산한 금액의 범위에서 해당 사업연도의 소득금액을 계산할 때 이를 손금에 산입한다. 〈개정 2010.12.30〉

② 삭제 〈2008.12.26〉

③ 제1항은 제19조의2제2항 각 호의 어느 하나에 해당하는 채권에는 적용하지 아니한다. 〈개정 2010.12.30〉

④ 제1항에 따라 대손충당금을 손금으로 계상한 내국법인은 대손금이 발생한 경우 그 대손금을 대손충당금과 먼저 상계하여야 하고, 대손금과 상계하고 남은 대손충당금의 금액은 다음 사업연도의 소득금액을 계산할 때 익금에 산입한다. 〈개정 2010.12.30〉

〈이하 생략〉

• **법인세법 제19조의2(대손금의 손금불산입)**

① 내국법인이 보유하고 있는 채권 중 채무자의 파산 등 대통령령으로 정하는 사유로 회수할 수 없는 채권의 금액(이하 "대손금"이라 한다)은 해당 사업연도의 소득금액을 계산할 때 손금에 산입한다. (2010.12.30 개정)부칙

② 제1항은 다음 각 호의 어느 하나에 해당하는 채권에 대해서는 적용하지 아니한다. (2010.12.30 개정)부칙

1. 채무보증(「독점규제 및 공정거래에 관한 법률」 제10조의2제1항 각 호의 어느 하나에 해당하는 채무보증 등 대통령령으로 정하는 채무보증은 제외한다)으로 인하여 발생한 구상채권(求償債權)
2. 제28조제1항제4호나목에 해당하는 것

③ 제1항에 따라 손금에 산입한 대손금 중 회수한 금액은 그 회수한 날이 속하는 사업연도의 소득금액을 계산할 때 익금에 산입한다. (2010.12.30. 개정)부칙

④ 제1항을 적용받으려는 내국법인은 대통령령으로 정하는 바에 따라 대손금 명세서를 납세지 관할 세무서장에게 제출하여야 한다. (2010.12.30. 개정)부칙

⑤ 대손금의 범위와 처리 등에 관하여 필요한 사항은 대통령령으로 정한다. (2010.12.30. 개정)부칙

• **법인세법 제28조(지급이자의 손금불산입)**

① 다음 각 호의 차입금의 이자는 내국법인의 각 사업연도의 소득금액을 계산할 때 손금에 산입하지 아니한다. 〈개정 2010.12.30, 2011.12.31〉

1. 채권자가 불분명한 사채의 이자
2. 「소득세법」 제16조제1항제1호·제2호·제5호 및 제8호에 따른 채권·증권의 이자·할인액 또는 차익 중 그 지급받은 자가 불분명한 채권·증권의 이자·할인액 또는 차익으로서 대통령령으로 정하는 것
3. 대통령령으로 정하는 건설자금에 충당한 차입금의 이자
4. 다음 각 목의 어느 하나에 해당하는 자산을 취득하거나 보유하고 있는 내국법인이 각 사업연도에 지급한 차입금의 이자 중 대통령령으로 정하는 바에 따라 계산한 금액(차입금 중 해당 자산가액에 상당하는 금액의 이자를 한도로 한다)
   가. 제27조제1호에 해당하는 자산
   나. 제52조제1항에 따른 특수관계자에게 해당 법인의 업무와 관련 없이 지급한 가지급금(假支給金) 등으로서 대통령령으로 정하는 것

〈이하 생략〉

• **법인세법 시행령 제61조(대손충당금의 손금산입)**

① 법 제34조제1항에 규정하는 외상매출금·대여금 기타 이에 준하는 채권은 다음 각 호의 것으로 한다.

1. 외상매출금 : 상품·제품의 판매가액의 미수액과 가공료·용역 등의 제공에 의한 사업수입금액의 미수액
2. 대여금 : 금전소비대차계약 등에 의하여 타인에게 대여한 금액
3. 기타 이에 준하는 채권 : 어음상의 채권·미수금 기타 기업회계기준에 의한 대손충당금 설정대상이 되는 채권(제88조제1항제1호의 규정을 적용받는 시가초과액에 상당하는 채권을 제외한다)

② 법 제34조제1항에서 "대통령령으로 정하는 바에 따라 계산한 금액"이란 해당 사업연도종료일 현재의 제1항에 따른 외상매출금·대여금 기타 이에 준하는 채권의 장부가액의 합계액(이하 이 조에서 "채권잔액"이라 한다)의 100분의 1에 상당하는 금액과 채권잔액에 대손실적률을 곱하여 계산한 금액 중 큰 금액을 말한다. 다만, 다음 각 호의 어느 하나에 해당하는 금융회사 등 중 제1호부터 제17호까지의 금융회사 등의 경우에는 금융위원회가 기획재정부장관과 협의하여 정하는 대손충당금적립기준에 따라 적립하여야 하는 금액, 채권잔액의 100분의 1에 상당하는 금액 또는 채권잔액에 대손실적률을 곱하여 계산한 금액 중 큰 금액으로 한다. 〈개정 1999.12.31, 2000.12.29, 2001.12.31, 2002.12.5, 2002.12.30, 2003.12.30, 2004.3.22, 2005.2.19, 2006.2.9, 2007.2.28, 2008.2.29, 2009.2.4, 2010.2.18, 2010.6.28, 2010.11.15, 2011.6.3, 2012.2.2, 2013.2.15〉

1. 「은행법」에 의한 인가를 받아 설립된 은행
2. 「한국산업은행법」에 의한 한국산업은행

3. 「중소기업은행법」에 의한 중소기업은행
4. 「한국수출입은행법」에 의한 한국수출입은행
5. 「한국정책금융공사법」에 따른 한국정책금융공사
6. 「농업협동조합법」에 따른 농업협동조합중앙회(같은 법 제134조제1항제4호의 사업에 한정한다) 및 농협은행
7. 「수산업협동조합법」에 따른 수산업협동조합중앙회(같은 법 제138조제1항제3호부터 제5호까지의 사업에 한정한다)
8. 「자본시장과 금융투자업에 관한 법률」에 따른 투자매매업자 및 투자중개업자
9. 「자본시장과 금융투자업에 관한 법률」에 따른 종합금융회사
10. 「상호저축은행법」에 의한 상호저축은행중앙회(지급준비예탁금에 한한다) 및 상호저축은행
11. 「보험업법」에 따른 보험회사
12. 「자본시장과 금융투자업에 관한 법률」에 따른 신탁업자
13. 「여신전문금융업법」에 따른 여신전문금융회사
14. 「산림조합법」에 따른 산림조합중앙회(같은 법 제108조제1항제3호, 제4호 및 제6호의 사업에 한정한다)
15. 「한국주택금융공사법」에 따른 한국주택금융공사
16. 「자본시장과 금융투자업에 관한 법률」에 따른 자금중개회사
17. 「금융지주회사법」에 따른 금융지주회사
18. 「신용보증기금법」에 따른 신용보증기금
19. 「기술신용보증기금법」에 따른 기술신용보증기금
20. 「농림수산업자 신용보증법」에 따른 농림수산업자신용보증기금
21. 「한국주택금융공사법」에 따른 주택금융신용보증기금
22. 「무역보험법」에 따른 한국무역보험공사
23. 「지역신용보증재단법」에 따른 신용보증재단
24. 「새마을금고법」에 따른 새마을금고연합회
25. 「중소기업창업 지원법」에 따른 중소기업창업투자회사
26. 「예금자보호법」에 따른 예금보험공사 및 정리금융기관
27. 「자산유동화에 관한 법률」에 따른 유동화전문회사
28. 「대부업의 등록 및 금융이용자보호에 관한 법률」에 따라 대부업자로 등록한 법인
29. 「산업재해보상보험법」에 따른 근로복지공단(근로자 신용보증 지원사업에서 발생한 구상채권에 한정한다)
30. 「금융기관부실자산 등의 효율적 처리 및 한국자산관리공사의 설립에 관한 법률」에

따른 한국자산관리공사(부실채권정리기금을 포함한다)

31. 「농업협동조합의 구조개선에 관한 법률」에 따른 농업협동조합자산관리회사

32.~38. 삭 제(2009.2.4.)

③ 제2항에 따른 대손실적률은 다음 산식에 따라 계산한 비율로 한다.

$$대손실적률 = \frac{해당\ 사업연도의\ 법\ 제19조의2제1항에\ 따른\ 대손금}{직전\ 사업연도\ 종료일\ 현재의\ 채권가액}$$

(4) 제거

매출채권, 대여금 등을 양도하는 경우, 그 자산을 대차대조표에서 제거하고 장부금액과 수취한 대가의 차액은 매출채권처분손익 등 당기손익으로 인식한다.(제8조)

매입채무, 차입금, 사채 등이 소멸하거나 제3자에게 이전되는 경우, 그 부채를 대차대조표에서 제거하고 장부금액과 지급한 대가(양도한 비현금자산이나 부담한 부채를 포함한다)의 차액은 당기손익으로 인식한다.(제16조)

[사례 11-5] 매출채권 할인

㈜중소상사는 ㈜H제과에서 받은 만기 90일의 액면 100,000원인 이자부어음(연이자율 10%)을 어음발행일부터 30일 후에 은행에서 연이자율 12%로 할인받았다. (1년은 360일로 가정한다)

(차) 현　　금	100,500	(대) 매출채권	100,000
매출채권처분손실	333	이자수익	833

* 매출채권처분손실

1) 만기금액: 100,000 + (100,000 × 10% × 90/360) = 102,500
2) 은행할인료: 100,000 × 12% × 60/360 = 2,000
3) 실제 현금 수령액: 102,500 − 2,000 = 100,500
4) 어음의 장부금액(액면 + 발생이자): 100,000 + (100,000 × 0.10 × 30/360) = 100,833
5) 매출채권처분손실: 100,833 − 100,500 = 333

매출채권 등의 매각거래 | 기업구매전용카드나 구매론으로 물품대금이 결제되고 판매자가 지급대행 은행에 물품대금의 선지급을 요청한 때에 판매자는 매출채권을

제거하고, 구매자는 상품이나 제품을 인도받는 시점에 물품대금을 매입채무로 인식한다.

매출채권을 금융기관에 할인하거나 배서하여 해당 자산을 제거하는 회계처리를 하였더라도 금융기관이 매출채권 양도자에게 변제를 요구할 권리가 있고 요구할 것으로 예상되며 양도자가 이에 응해야 할 가능성이 매우 높을 것으로 예상된다면 변제할 의무가 부채의 정의(제6조제3항)[4]와 인식 조건(제6조제4항)[5]을 충족하게 되므로 매출채권의 양도자는 이를 부채로 인식하여야 한다.

금융기관에 양도한 매출채권이 회계연도 말에 아직 만기가 도래하지 않은 경우, 이와 관련된 조건, 예를 들어, 변제가 요구될 것으로 예상되는 금액과 이를 요구할 수 있는 자에 대한 정보를 주석으로 공시하는 것이 바람직하다.

[사례 11-6] **매출채권 할인**

㈜중소상사가 보유한 매출채권 150,000원을 K은행에서 할인하여 매입하였다. 회계연도 말 현재 할인된 매출채권 중 100,000원은 만기가 되지 않았고, K은행에서 상환청구할 것으로 예상되는 금액은 50,000원이다.

(차) 팩토링충당부채전입액 50,000 (대) 팩토링충당부채 50,000

〈주석〉 회사는 회계연도 중 매출채권 150,000원을 K은행에 매각하였으며, 회계연도 말 현재 매출채권의 할인과 관련된 내용은 다음과 같습니다.

(단위: 원)

청구권자	내 용	금 액
K은행	만기 미도래 금액	100,000
	변제 예상 금액	50,000

4) '부채'란 과거의 거래나 사건의 결과로 현재 회사가 부담하고 있고 미래에 자원이 유출되거나 사용될 것으로 예상되는 의무를 말한다.

5) 부채는, 해당 의무를 이행하기 위하여 경제적 자원이 유출될 가능성이 매우 높고, 의무의 이행에 소요되는 금액을 신뢰성 있게 측정할 수 있는 경우에만 대차대조표에 인식한다.

2 유가증권

(1) 정의

유가증권 | '유가증권'이란 재산권을 나타내는 증권을 말한다. 적절한 액면금액 단위로 분할되고 시장에서 거래되거나 투자의 대상이 된다. 유가증권에는 주식, 출자금과 같은 지분증권과 국채·공채, 회사채와 같은 채무증권이 포함된다.

(2) 최초 인식

유가증권은 최초에 취득원가로 인식한다.(제36조①) 유가증권의 취득원가에는 거래원가를 포함한다. 다만, 시장가격이 있는 유가증권의 경우 해당 자산의 거래원가를 최초 인식하는 시점에 비용으로 회계처리한다.(제39조①)

[사례 11-7] 시장가격이 있는 유가증권의 최초 인식

① 20×1년 3월 1일에 ㈜중소상사는 유가증권시장에서 거래되는 ㈜S전자 주식 10주를 시장가격인 주당 5,000원에 매입하고, 매입금액의 0.1%에 해당하는 거래수수료를 납부하였다.

(차)	유가증권	50,000 *1	(대) 현 금	50,050
	수수료비용	50 *2		

*1) 5,000 × 10 = 50,000
*2) 50,000 × 0.1% = 50

② 20×1년 7월 31일에 ㈜중소상사는 ㈜S전자 주식 30주를 시장가격인 주당 3,000원에 추가로 매입하고, 매입금액의 0.1%에 해당하는 거래수수료를 납부하였다.

(차)	유가증권	90,000 *1	(대) 현 금	90,090
	수수료비용	90 *2		

*1) 3,000 × 30 = 90,000
*2) 90,000 × 0.1% = 90

시장가격이 있는 유가증권의 인식시점 | 유가증권시장 또는 코스닥시장에서는 매매계약 체결 후 3일째에 결제가 이루어진다. 이 경우 주식 매매거래의 인식 시점은

매매일(매매계약 체결 시점)로 본다. 이는 매매계약 체결 후 3일째에 투자매매업자, 투자중개업자의 고객계좌부에 명의개서가 되고 이 시점부터 의결권 등의 법적 권리를 행사할 수 있지만, 주식의 가격 변동에 대한 위험과 효익은 실질적으로 매매계약 체결 시점에 이전되기 때문이다.

거래원가 | 시장가격이 있는 유가증권을 취득할 때 부담하는 거래수수료는 취득 시점에 비용으로 회계처리한다. 이러한 유가증권은 후속적으로도 시장가격으로 평가하여 평가손익을 당기손익에 반영하기 때문에 해당 거래원가를 취득원가에 포함하는 경우와 비교하면 손익의 분류에만 영향을 미친다.

[참고] 법인세법에 따른 금융자산의 취득가액

- **법인세법 제41조(자산의 취득가액)**

① 내국법인이 매입·제작·교환 및 증여 등에 의하여 취득한 자산의 취득가액은 다음 각 호의 금액으로 한다.

1. 타인으로부터 매입한 자산(대통령령으로 정하는 금융자산은 제외한다)은 매입가액에 부대비용을 더한 금액
2. 자기가 제조·생산 또는 건설하거나 그 밖에 이에 준하는 방법으로 취득한 자산은 제작원가(製作原價)에 부대비용을 더한 금액
3. 제1호와 제2호 외의 자산은 취득 당시의 대통령령으로 정하는 금액

② 제1항에 따른 매입가액 및 부대비용의 범위 등 자산의 취득가액의 계산에 필요한 사항은 대통령령으로 정한다.

[전문개정 2010.12.30]

- **법인세법 시행령 제72조(자산의 취득가액 등)**

① 법 제41조제1항제1호에서 "대통령령으로 정하는 금융자산"이란 기업회계기준에 따라 단기매매항목으로 분류된 금융자산 및 파생상품(이하 이 조에서 "단기금융자산등"이라 한다)을 말한다. 〈신설 2010.12.30〉

② 법 제41조제1항 및 제2항에 따른 자산의 취득가액은 다음 각 호의 금액으로 한다. 〈개정 2001.12.31, 2006.2.9, 2008.2.29, 2009.2.4, 2010.2.18, 2010.6.8, 2010.12.30, 2011.3.31, 2012.2.2〉

1. 타인으로부터 매입한 자산: 매입가액에 취득세, 등록면허세, 그 밖의 부대비용을 가산한 금액[법인이 토지와 그 토지에 정착된 건물 및 그 밖의 구축물 등(이하 이 호에서

"건물등"이라 한다)을 함께 취득하여 토지의 가액과 건물등의 가액의 구분이 불분명한 경우 법 제52조제2항에 따른 시가에 비례하여 안분계산한다]

2. 자기가 제조·생산·건설 기타 이에 준하는 방법에 의하여 취득한 자산: 원재료비·노무비·운임·하역비·보험료·수수료·공과금(취득세와 등록세를 포함한다)·설치비 기타 부대비용의 합계액

3. 합병·분할 또는 현물출자에 따라 취득한 자산의 경우 다음 각 목의 구분에 따른 금액
   가. 적격합병 또는 적격분할의 경우: 제80조의4제1항 또는 제82조의4제1항에 따른 장부가액
   나. 그 밖의 경우: 해당 자산의 시가

3의2. 물적분할에 따라 분할법인이 취득하는 주식등의 경우 다음 각 목의 구분에 따른 금액
   가. 적격물적분할의 경우: 물적분할한 순자산의 장부가액
   나. 가목 외의 물적분할의 경우: 물적분할한 순자산의 시가

4. 현물출자에 따라 출자법인이 취득한 주식등의 경우 다음 각 목의 구분에 따른 금액
   가. 법 제47조의2제1항 각 호의 요건을 모두 갖추어 양도차익에 상당하는 금액을 손금에 산입하는 현물출자(이하 "적격현물출자"라 한다)의 경우: 현물출자한 순자산의 장부가액
   나. 가목 외의 출자법인(법 제47조의2제1항제3호에 따라 출자법인과 공동으로 출자한 자를 포함한다. 이하 "출자법인등"이라 한다)이 현물출자로 인하여 피출자법인을 새로 설립하면서 그 대가로 주식등만 취득하는 현물출자의 경우: 현물출자한 순자산의 시가
   다. 가목 및 나목 외의 현물출자의 경우: 해당 주식등의 시가

4의2. 채무의 출자전환에 따라 취득한 주식등: 취득 당시의 시가. 다만, 제15조제4항 각 호의 요건을 갖춘 채무의 출자전환으로 취득한 주식등은 출자전환된 채권(법 제19조의2제2항 각 호의 어느 하나에 해당하는 채권은 제외한다)의 장부가액으로 한다.

5. 합병 또는 분할(물적분할은 제외한다)에 따라 취득한 주식등: 종전의 장부가액에 법 제16조제1항제5호 또는 제6호의 금액 및 제11조제9호의 금액을 더한 금액에서 법 제16조제1항제5호에 따른 합병대가 또는 같은 항 제6호에 따른 분할대가 중 금전이나 그 밖의 재산가액의 합계액을 뺀 금액

5의2. 단기금융자산등: 매입가액

5의3. 「상속세 및 증여세법 시행령」 제12조에 따른 공익법인 등이 기부받은 자산: 제87조제1항 각 호의 어느 하나에 해당하는 특수관계인 외의 자로부터 기부받은 법 제24조제1항에 따른 지정기부금에 해당하는 자산(제37조제1항에 따른 금전 외의 자산만

해당한다)은 기부한 자의 기부 당시 장부가액[사업소득과 관련이 없는 자산(개인인 경우만 해당한다)의 경우에는 취득 당시의 「소득세법 시행령」 제89조에 따른 취득가액을 말한다]. 다만, 「상속세 및 증여세법」에 따라 증여세 과세가액에 산입되지 아니한 출연재산이 그 후에 과세요인이 발생하여 그 과세가액에 산입되지 아니한 출연재산에 대하여 증여세의 전액이 부과되는 경우에는 기부 당시의 시가로 한다.

6. 그 밖의 방법으로 취득한 자산: 취득 당시의 시가

③ 제2항을 적용할 때 취득가액에는 다음 각 호의 금액을 포함하는 것으로 한다. 〈개정 2006.2.9, 2010.12.30〉

1. 법 제15조제2항제1호의 규정에 의하여 익금에 산입한 금액
2. 제52조의 규정에 의한 건설자금에 충당한 차입금의 이자
3. 유형고정자산의 취득과 함께 국·공채를 매입하는 경우 기업회계기준에 따라 그 국·공채의 매입가액과 현재가치의 차액을 당해 유형고정자산의 취득가액으로 계상한 금액

④ 제2항을 적용할 때 취득가액에는 다음 각 호의 금액을 포함하지 아니하는 것으로 한다. 〈개정 2002.12.30, 2008.2.29, 2010.12.30〉

1. 자산을 제68조제4항에 따른 장기할부조건 등으로 취득하는 경우 발생한 채무를 기업회계기준이 정하는 바에 따라 현재가치로 평가하여 현재가치할인차금으로 계상한 경우의 당해 현재가치할인차금
2. 기획재정부령이 정하는 연지급수입에 있어서 취득가액과 구분하여 지급이자로 계상한 금액
3. 제88조제1항제1호 및 제8호나목의 규정에 의한 시가초과액
4. 삭제 〈2001.12.31〉

⑤ 법인이 보유하는 자산에 대하여 다음 각 호의 어느 하나에 해당하는 사유가 발생한 경우의 취득가액은 다음과 같다. 〈개정 2009.2.4, 2010.12.30〉

1. 법 제42조제1항 각 호 및 제3항의 규정에 의한 평가가 있는 경우에는 그 평가액
2. 제31조제2항의 규정에 의한 자본적 지출이 있는 경우에는 그 금액을 가산한 금액
3. 합병 또는 분할합병(제1항제5호에 해당하는 경우는 제외한다)으로 받은 제11조제9호에 따른 이익이 있는 경우에는 그 이익을 가산한 금액

⑥ 제4항제1호에 따른 현재가치할인차금의 상각액 및 같은 항 제2호에 따른 지급이자에 대하여는 법 제18조의2제1항제3호·법 제18조의3제1항제3호·법 제28조·법 제73조·법 제98조 및 법 제120조를 적용하지 아니한다. 〈개정 2003.12.30, 2010.12.30〉

(3) 후속 측정

시장가격이 있는 유가증권은 시장가격으로 평가하고 시장가격 변동에 따른 보유손익은 단기투자자산평가손익 등으로 회계처리한다. 이 경우 시장가격이 있는 유가증권이란 한국거래소가 개설한 유가증권시장, 코스닥시장 또는 공신력 있는 외국의 증권거래시장(뉴욕증권거래소, 런던증권거래소 등)에서 거래되는 지분증권과 채무증권을 말한다. 다만, 시장가격으로 평가해 온 유가증권이 시장성을 잃으면 그 시점의 장부금액으로 평가한다.(제39조②)

[사례 11-8] 시장가격이 있는 유가증권의 후속 측정

㈜중소상사는 이동평균법으로 유가증권의 단가를 결정한다. 유가증권시장에서 거래되는 ㈜S전자 주식을 매매한 내용은 다음과 같다.

일 자	거래 내용	수량 (주)	매입금액(원)	단가(원)
20×1. 1. 1.	매입	10	50,000	5,000
20×1. 7. 15.	매입	30	90,000	3,000
합 계		40	140,000	3,500

20×1년 12월 31일에 ㈜S전자 주식의 시장가격은 주당 4,000원이었다.

(차) 유가증권 20,000 (대) 유가증권평가이익 20,000

* (4,000 − 3,500) × 40 = 20,0000

〈대차대조표 표시〉

당좌자산		×××
유가증권	160,000*	
……	×××	

* 40 × 4,000 = 160,000

시장가격이 없는 주식, 출자금 등의 지분증권은 취득원가로 측정한다.(제39조③)

시장가격이 없는 국채·공채, 회사채 등의 채무증권은 장부금액과 만기금액에 차이가 있는 경우 그 차이를 상환기간에 걸쳐 유효이자율법이나 정액법으로 상각하여 장부금액과 이자수익에 반영한다.(제39조④)

[사례 11-9] 시장가격이 없는 채무증권의 후속 측정(상각)

㈜중소상사는 20×1년 1월 1일에 ㈜H제과가 발행한 액면 10,000원, 만기 3년, 표시이자율 10%인 사채를 9,520원에 취득하였다. 이 사채의 유효이자율은 12%이다. (유동성 대체 생략)

· 현가계수(3년, 12%): 0.7118
· 연금현가계수(3년, 12%): 2.4018
· 상각표

일 자	유효이자(12%) (A)	표시이자(10%) (B)	상각액 (A–B)	장부금액
20×1. 1. 1.	–	–	–	9,520
20×1. 12. 31.	1,142	1,000	142	9,662
20×2. 12. 31.	1,159	1,000	159	9,821
20×3. 12. 31.	1,179	1,000	179	10,000
합 계	3,480	3,000	480	

① 20×1. 1. 1.

(차) 장기투자증권	9,520	(대) 현 금	9,520

② 20×1. 12. 31.

(차) 현 금	1,000	(대) 이자수익	1,142
장기투자증권	142		

③ 20×2. 12. 31.

(차) 현 금	1,000	(대) 이자수익	1,159
장기투자증권	159		

④ 20×3. 12. 31.

(차) 현 금	1,000	(대) 이자수익	1,179
장기투자증권	179		
(차) 현 금	10,000	(대) 장기투자증권	10,000

(4) 손상

시장가격이 없는 유가증권에 손상이 발생하였다는 객관적인 증거가 있으면 회수가능액을 추정하여 장부금액과의 차이를 손상차손으로 인식한다. 다만, 손상차손을 인

식할 필요가 없다는 명백한 증거가 있거나 손상차손 금액이 중요하지 않은 경우에는 손상차손을 인식하지 않을 수 있다.(제39조⑤)

시장가격이 있는 유가증권 | 시장가격으로 평가하기 때문에 별도의 손상차손은 인식하지 않는다.

유가증권의 손상 징후 | 다음은 유가증권에 손상차손이 발생하였다는 객관적인 증거가 될 수 있다.

① 유가증권 발행자의 재무상태가 심각하게 악화된 경우(예: 은행에서 당좌거래 정지처분을 받은 경우, 청산 중 또는 1년 이상 휴업 중인 경우, 완전자본잠식 상태에 있는 경우)
② 실질적인 계약 위반이 있거나 채무가 이행되지 않은 경우(예: 이자 지급과 원금 상환의 지연)
③ 유가증권 발행자의 재무적 곤경과 관련된 경제적 또는 법률적인 이유 때문에 당초 차입조건을 완화할 수밖에 없는 경우(예: 채무자 회생 및 파산에 관한 법률에 따른 회생절차 개시의 신청 또는 회생절차가 진행 중인 경우)
④ 기업구조조정 촉진법에 따른 관리절차 개시를 신청하였거나 관리절차가 진행 중인 경우
⑤ 유가증권 발행자의 파산 가능성이 높은 경우
⑥ 유가증권 발행자의 재무상태가 악화되어 그 유가증권이 시장성을 잃게 된 경우
⑦ 표시이자율 또는 유효이자율이 일반적인 시장이자율보다 비정상적으로 높거나 낮은 채무증권(예: 후순위채권, 정크본드)을 법규나 채무조정협약 등에 따라 취득한 경우
⑧ 과거에 해당 유가증권에 손상차손을 인식하였으며 그 손상 사유가 계속 존재하는 경우
⑨ 그 밖에 ①부터 ⑧까지에 준하는 사유

[사례 11-10] 유가증권의 손상

㈜중소상사는 ㈜X물산의 주식 10주를 10,000원에 매입하였다. 20×1년에 들어 경기 불황과 대표이사 횡령으로 ㈜X물산의 재무상황이 급속히 악화되어 파산 가능성이 매우

높아졌다. ㈜중소상사는 20×1년 말 현재 ㈜X물산의 주식 장부금액 전액을 회수할 수 없다고 판단하고 손상차손을 인식하였다.

(차) 장기투자증권손상차손 10,000 (대) 장기투자증권 10,000

손상차손이 회복된 경우에는 이전에 인식하였던 손상차손 금액을 한도로 하여 회복된 금액을 손상차손환입으로 인식한다.(제39조⑥)

[사례 11-11] 유가증권의 손상차손환입

㈜X물산은 20×3년에 대표이사가 교체되고 대규모 계약을 수주하여 재무상황이 안정되어 가고 있다. 20×3년 말 현재 ㈜중소상사가 보유한 ㈜X물산 주식의 회수가능액은 5,000원으로 예상된다.

(차) 장기투자증권 5,000 (대) 장기투자증권손상차손환입 5,000

(5) 제거

유가증권의 양도 | 유가증권을 양도하면 보유자가 유가증권의 통제를 상실한 것으로 보아 그 유가증권을 대차대조표에서 제거한다. 유가증권의 경제적 효익을 획득할 수 있는 권리를 전부 실현한 때, 그 권리가 만료된 때, 또는 그 권리를 처분한 때 유가증권의 통제를 상실한 것으로 본다. 유가증권의 통제를 상실한 때에는 유가증권의 처분대가와 장부금액의 차이를 유가증권처분손익이나 단기투자자산처분손익, 장기투자증권처분손익 등으로 인식한다.

유가증권의 단위원가결정방법 | 유가증권의 처분손익을 인식하기 위해서는 양도한 유가증권의 단위원가를 결정할 필요가 있다. 개별법(채무증권에 한정한다), 총평균법, 이동평균법을 사용하되, 같은 방법을 회계연도마다 계속 적용한다.

[사례 11-12] 시장가격이 있는 유가증권의 제거

㈜중소상사는 20×2년 2월 1일에 ㈜S전자 주식 20주를 시장가격인 주당 5,000원에 매도하였다.

일 자	거래 내용	수량 (주)	단가(원)	장부금액(원)
20×1. 12. 31.	평가	40	4,000	160,000
20×2. 2. 1.	매도	△20	4,000	△80,000

(차) 현 금	100,000*	(대) 유가증권	80,000
		유가증권처분이익	20,000

* 5,000×20 = 100,000

3 파생상품

(1) 정의

파생상품 | '파생상품'이란 다음의 조건을 모두 충족하는 금융상품 또는 이와 유사한 계약을 말한다.

① 기초변수와 계약단위의 수량(또는 지급규정)이 있다.

② 최초 계약 시점에 순투자금액이 필요하지 않거나 시장가격 변동에 비슷하게 영향을 받는 다른 유형의 거래보다 적은 순투자금액이 필요하다.

③ 차액결제를 할 수 있다.

〈파생상품의 예〉

- 선물: 수량 · 규격 · 품질 등이 표준화되어 있는 특정 대상을 현재 시점에 결정된 가격으로 미래 일정 시점에 인도 · 인수할 것을 약정한 계약으로서 조직화된 시장에서 정해진 방법으로 거래되는 것을 말한다.
- 선도거래: 미래 일정 시점에 약정된 가격으로 계약상의 특정 대상을 사거나 팔기로 계약 당사자 간에 합의한 거래를 말한다.

- 스왑: 특정 기간에 발생하는 일정한 현금흐름을 다른 현금흐름과 교환하는 연속된 선도거래를 말한다.
- 옵션: 계약 당사자 간에 정하는 바에 따라 일정한 기간 내에 미리 정해진 가격으로 외화나 유가증권 등을 사거나 팔 수 있는 권리에 대한 계약을 말한다.

(2) 파생상품의 회계처리

일반기업회계기준 참조 | 중소기업회계기준에서는 파생상품의 회계처리는 비교적 빈번하게 발생하지 않을 것으로 판단하여 별도로 다루고 있지 않다. 중소기업회계기준 제3조 단서에서는 구체적으로 적용할 수 있는 기준이 없는 경우 일반기업회계기준을 참조하여 회계처리하도록 하고 있다. 파생상품의 회계처리는 일반기업회계기준 제6장(금융자산 · 금융부채) 제3절(파생상품)과 제31장(중소기업 회계처리 특례)을 참조하여 회계처리할 수 있다.

제 12 장 종업원급여와 그 밖의 충당부채

1 부채의 정의 및 인식 조건

'부채'란 과거의 거래나 사건의 결과로 현재 회사가 부담하고 있고 미래에 자원이 유출되거나 사용될 것으로 예상되는 의무를 말한다.(제6조③2.) 부채는 해당 의무를 이행하기 위하여 경제적 자원이 유출될 가능성이 매우 높고, 의무의 이행에 소요되는 금액을 신뢰성 있게 측정할 수 있는 경우에 대차대조표에 인식한다.(제6조④)

제11장 '금융상품'에서 다루어지는 금융부채는 지출의 시기와 금액이 확정된 부채이다. 반면, 지출의 시기 또는 금액이 확실하지 않더라도 부채의 정의와 인식 조건을 만족할 수 있다. 이 장에서는 이러한 부채의 회계처리를 중심으로 살펴본다.

<table>
<tr><th colspan="2">구 분</th><th>회계처리</th></tr>
<tr><td colspan="2">퇴직급여 외
종업원급여</td><td>· 종업원이 근무 용역을 제공할 때, 대가의 금액을 신뢰성 있게 추정할 수 있다면 비용을 인식
· 이미 지급한 금액을 차감한 후 추가로 지급해야 하는 금액을 부채(미지급비용)로 인식</td></tr>
<tr><td rowspan="4">퇴직
급여</td><td>퇴직금제도</td><td rowspan="2">· 퇴직급여충당부채: 회계연도 말 현재 모든 종업원이 일시 퇴직할 경우 지급해야 하는 퇴직금상당액</td></tr>
<tr><td rowspan="2">확정급여형
퇴직연금제도</td></tr>
<tr><td>· 퇴직연금운용자산: 확정급여형퇴직연금제도에서 운용되는 자산을 통합, 퇴직급여충당부채의 차감계정으로 표시. 퇴직급여충당부채 초과액은 퇴직연금운용자산(투자자산)으로 표시</td></tr>
<tr><td>확정기여형
퇴직연금제도</td><td>· 해당 회계연도에 대해 회사에서 납부해야 하는 부담금을 퇴직급여로 인식, 회계연도 말 현재 미납금액은 부채(미지급비용)로 인식</td></tr>
</table>

2 퇴직급여 외의 종업원급여

종업원이 근무용역을 제공한 때 이에 대한 대가의 금액을 신뢰성 있게 측정할 수 있다면 급여로 인식하고, 이미 지급한 금액을 차감한 후 추가로 지급해야 하는 금액을 미지급비용으로 인식한다.(제17조①)

[사례 12-1] 일반적인 근무용역의 제공대가

20×1년에 ㈜중소제과의 종업원이 제공한 근무용역의 대가(퇴직급여 제외)는 600,000원이고 이 가운데 20×2년 초에 지급할 금액은 50,000원이다.

(차) 급 여	600,000	(대) 현 금	550,000
		미지급비용	50,000

급여 600,000원은 재고자산의 원가(매출된 경우 매출원가)와 판매비와관리비에 포함되고 미지급비용은 유동부채로 분류되었다.

3 퇴직급여

(1) 퇴직금제도

퇴직금제도의 경우 회계연도 말 현재 모든 종업원이 일시에 퇴직한다면 지급해야 할 퇴직일시금에 상당하는 금액을 퇴직급여충당부채로 인식한다.(제17조②)

퇴직일시금 | 근로자퇴직급여보장법(제8조①)에 따르면 계속 근로기간 1년에 대하여 30일분 이상의 평균임금을 퇴직금으로 퇴직 근로자에게 지급할 수 있는 제도를 설정하여야 한다. 이 경우 '평균임금'이란 이를 산정하여야 할 사유가 발생한 날 이전 3개월 동안에 그 종업원에게 지급된 임금의 총액을 그 기간의 총 일수로 나눈 금액을 말한다.

(2) 확정급여형퇴직연금제도

확정급여형퇴직연금제도 | 종업원이 받을 급여(연금 또는 일시금)의 수준이 사전에 결정되어 있는 퇴직연금제도를 말한다. 즉, 금융기관에서 적립된 종업원의 퇴직금을 운용하나 그 운용 결과와 관계없이 종업원은 정해진 퇴직금만을 받는 제도를 말한다.

확정급여형퇴직연금제도의 경우 다음 각 호에 따라 회계처리한다.(제17조③)

1. *회계연도 말 현재 모든 종업원이 일시에 퇴직한다면 지급해야 할 퇴직일시금에 상당하는 금액을 퇴직급여충당부채로 인식한다.*
2. *확정급여형퇴직연금제도에서 운용되는 자산은 하나로 통합하여 퇴직연금운용자산으로 표시한다.*
3. *퇴직연금운용자산은 퇴직급여충당부채의 차감계정으로 표시한다. 다만, 퇴직연금운용자산이 퇴직급여충당부채보다 큰 경우에는 그 초과액을 투자자산의 퇴직연금운용자산으로 표시한다.*

운용자산손익 | 확정급여형퇴직연금제도에서 운용되는 자산은 자산에서 발생한 손익을 하나로 통합하여 퇴직연금운용자산이익(또는 손실)으로 표시할 수도 있고, 해당 자산을 회사가 직접 보유하는 것으로 보아 평가이익(또는 손실), 처분이익(또는 손실), 이자수익, 배당금수익 등을 구분하여 표시할 수도 있다.

[사례 12-2] 확정급여형퇴직연금제도

20×1년 1월 1일에 ㈜중소건설 모든 임직원은 확정급여형퇴직연금제도에 가입하고, 20×1년과 20×2년에 각각 50,000원과 60,000원을 금융기관에 납부하였다.
20×1년과 20×2년 말의 퇴직급여와 관련된 자산과 부채의 금액은 다음과 같다.

구 분	20×1. 12. 31.	20×2. 12. 31.
퇴직급여충당부채 (①)	50,000원	120,000원
퇴직연금운용자산 (②)	45,000원	125,000원
순부채(순자산) (① − ②)	5,000원	(5,000)원

20×1년과 20×2년 말 퇴직연금운용자산의 구성과 운용손익은 다음과 같다.

구 분	20×1. 12. 31.	20×2. 12. 31.
퇴직연금운용자산의 구성	45,000원	125,000원
시장성 있는 지분증권	20,000원	65,000원
시장성 있는 채무증권	25,000원	60,000원
퇴직연금운용자산이익(손실)	(5,000)원	20,000원
장기투자자산평가이익(손실)	(6,000)원	14,000원
이자수익	1,000원	6,000원

① 20×1년

(차) 퇴직연금운용자산	50,000	(대) 현 금	50,000
(차) 퇴직급여	50,000	(대) 퇴직급여충당부채	50,000
(차) 퇴직연금운용자산손실*	5,000	(대) 퇴직연금운용자산	5,000

〈대차대조표 표시〉

비유동부채		×××
퇴직급여충당부채	50,000	
퇴직연금운용자산	(45,000)	
……	×××	

② 20×2년

(차) 퇴직연금운용자산	60,000	(대) 현 금	60,000
(차) 퇴직급여	70,000	(대) 퇴직급여충당부채	70,000
(차) 퇴직연금운용자산	20,000	(대) 퇴직연금운용자산이익	20,000

〈대차대조표 표시〉

투자자산		×××	비유동부채		×××
퇴직연금운용자산	5,000		퇴직급여충당부채	120,000	
……	×××		퇴직연금운용자산	(120,000)	
			……	×××	

(3) 확정기여형퇴직연금제도

확정기여형퇴직연금제도 | 종업원이 받을 급여(연금 또는 일시금)를 지급하기 위하여 사용자가 부담해야 할 부담금(기여금)의 수준이 사전에 결정되어 있는 퇴직연금제도를 말한다. 즉, 회사가 정기적으로 금융기관에 종업원 명의로 적립한 부담금

을 종업원의 책임으로 운용하여 종업원은 회사가 적립한 부담금의 금액에 운용이익(손실)을 가산(차감)한 금액을 퇴직금으로 받는 제도를 말한다.

확정기여형퇴직연금제도의 경우 해당 회계연도에 대해 회사에서 납부해야 하는 부담금(기여금)을 퇴직급여로 인식하고, 회계연도 말 현재 아직 납부하지 않은 기여금은 미지급비용으로 인식한다.(제17조④)

[사례 12-3] 확정기여형퇴직연금제도

㈜중소상사에서는 임직원의 20×1년 임금 총액 600,000원의 1/12에 해당하는 50,000원을 확정기여형퇴직연금제도의 부담금으로 납부하는데, 이 가운데 10,000원은 20×2년 초에 납부할 예정이다.

① 20×1. 12. 31.

(차) 퇴직급여	50,000	(대) 현　　금	40,000
		미지급비용	10,000

〈대차대조표 표시〉

유동부채		×××
미지급비용	10,000	
……	×××	

4 그 밖의 충당부채

구 분		회계처리
충당부채 인식	인식 시점	· 지출의 시기 또는 금액이 확실하지 않더라도 부채의 정의와 부채의 인식 조건을 충족하는 경우에 충당부채를 인식
	인식 금액	· 현재의무의 이행에 소요되는 지출에 대한 회계연도 말 현재 최선의 추정치
충당부채의 환입		· 더 이상 충당부채의 인식 조건을 충족하지 아니하게 되면, 관련 충당부채는 환입하여 당기이익으로 인식

(1) 인식 조건

타인의 채무 등에 관한 보증, 계류 중인 소송사건, 하자보수 약정 등은 지출의 시기 또는 금액이 확실하지 않더라도 제6조제3항제2호 부채의 정의와 같은 조 제4항제2호 부채의 인식 조건을 모두 충족한다면 충당부채를 인식한다.(제18조①)

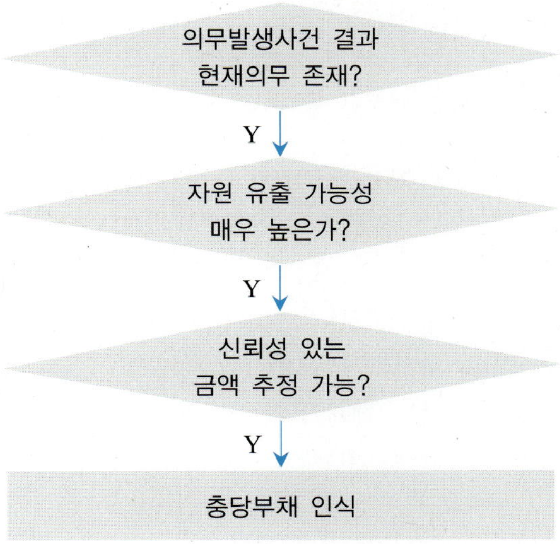

(2) 회계처리

충당부채로 인식하는 금액은 현재의무의 이행에 소요되는 지출에 대해 회계연도 말 현재 관련된 사건과 상황에 대한 불확실성을 고려한 최선의 추정치이다.(제18조②)

상황이 달라져서 더 이상 충당부채의 인식 조건을 충족하지 아니하게 되면, 관련 충당부채는 환입하여 당기에 이익으로 인식한다.(제18조③)

[사례 12-4] 타인에게 제공한 보증

20×1년 12월 31일에 ㈜중소건설은 그 당시 재무상태가 안정적인 ㈜D유통의 차입금 500,000원에 대해 지급보증하였다.

이후 ㈜D유통의 재무상태가 악화되어 차입금 상환일인 20×2년 6월 30일에 해당 차입금을 상환하지 못하고 20×2년 하반기에 법원에 회생절차 개시를 신청하였다. ㈜중소건설은 ㈜D유통 대신 차입금 전액(500,000원)을 변제해야 할 가능성이 매우 높아졌다.

충당부채 인식 조건	20×1. 12. 31.	20×2. 12. 31.
과거 의무발생사건의 결과로 인한 현재의무	보증 제공은 법적의무를 발생시키므로 의무발생사건이 된다.	
의무 이행을 위한 자원의 유출 가능성	유출 가능성이 높지 않다.	유출 가능성이 매우 높다.
결 론	주석으로 공시한다.	의무를 이행하기 위한 금액의 최선의 추정치(500,000원)로 충당부채를 인식한다.

① 20×1. 12. 31. 〈회계처리 없음〉

〈주석〉 회계연도 말 현재 회사는 ㈜D유통의 차입금 500,000원에 대해 지급보증하고 있습니다.

② 20×2. 12. 31.

(차) 지급보증충당부채전입액 500,000 (대) 지급보증충당부채 500,000

〈주석〉 회계연도 말 현재 회사는 ㈜D유통의 차입금 500,000원에 대해 지급보증하고 있습니다. 20×2년 하반기에 ㈜D유통이 회생절차 개시를 신청함에 따라 회사가 해당 차입금 전액을 변제할 가능성이 매우 높아져 지급보증금액 500,000원을 지급보증충당부채로 계상하고 있습니다.

[사례 12-5] 회계연도 말 진행 중인 소송

㈜중소F&B에서는 예식장에 음식료를 납품하고 있다. 20×1년 1월에 피로연 후에 10명이 식중독 증상으로 병원에 입원했는데, ㈜중소F&B에서 납품한 음식을 먹고 식중독이 일어났을 가능성이 있다.

20×1년 말 현재, 병원에 입원했던 고객들은 ㈜중소F&B에 손해배상을 청구하는 법적 절차를 시작하였고, 소송제기금액은 1,000,000원이다. ㈜중소F&B는 그 책임에 대해 이

의를 제기하였고, 법률전문가는 20×1년 12월 31일로 종료하는 재무제표의 발행 승인일까지는 ㈜중소F&B의 책임이 밝혀지지 않을 가능성이 매우 높다고 조언하였다.
그러나 20×2년 11월 30일에 1심 판결에서 ㈜중소F&B가 패소함에 따라 고객들에게 500,000원을 배상하라는 판결이 났다. ㈜중소F&B는 즉시 항소하였으나, 법률전문가는 항소에서도 승소할 가능성은 낮다고 조언하였다.

충당부채 인식 조건	20×1. 12. 31.	20×2. 12. 31.
과거 의무발생사건의 결과로 인한 현재의무	현재 이용할 수 있는 증거에 근거하여 볼 때 현재 의무는 없다.	현재 이용할 수 있는 증거에 근거하여 볼 때 현재 의무가 존재한다.
의무 이행을 위한 자원의 유출 가능성	유출 가능성이 매우 높지는 않다.	유출 가능성이 매우 높다.
결 론	주석으로 공시한다.	의무를 이행하기 위한 금액의 최선의 추정치(500,000원)로 충당부채를 인식한다.

① 20×1. 12. 31. 〈회계처리 없음〉

〈주석〉 회계연도 말 현재 회사가 피고로 계류 중인 소송사건은 손해배상 1건이며, 소송금액은 1,000,000원입니다. 회계연도 말 현재 회사는 해당 소송사건의 결과를 예측할 수 없어 이를 재무제표에 반영하고 있지 아니합니다.

② 20×2. 12. 31.

(차) 소송충당부채전입액 500,000 (대) 소송충당부채 500,000

〈주석〉 회계연도 말 현재 회사가 피고로 계류 중인 소송사건은 손해배상 1건이며, 소송금액은 1,000,000원입니다. 회계연도 말 현재 1심에서는 회사가 원고에게 500,000원을 배상하라고 판결하였으며, 이에 항소 진행 중입니다. 회사는 이러한 소송사건의 결과가 재무제표에 중대한 영향을 미칠 것으로 판단하여, 손해배상 금액 500,000원을 대차대조표에 소송충당부채로 계상하고 있습니다.

제 13 장 외화거래

<table>
<tr><th colspan="2">외화거래</th><th>화폐성자산 · 부채</th><th>비화폐성자산 · 부채</th></tr>
<tr><td colspan="2">항 목</td><td>· 자산: 현금및현금성자산, 매출채권, 미수금, 대여금 등
· 부채: 차입금, 매입채무, 미지급금, 사채, 퇴직급여충당금 등</td><td>· 자산: 선급비용, 재고자산, 유형자산, 무형자산 등
· 부채: 선수금, 예수금, 선수수익 등</td></tr>
<tr><td colspan="2">최초 인식</td><td>거래일의 현물환율로 환산</td><td rowspan="2">자산을 취득하거나 부채를 부담한 당시 환율로 환산</td></tr>
<tr><td colspan="2">회계연도말 환산</td><td>마감환율로 환산</td></tr>
<tr><td rowspan="2">손 익</td><td>외환차손익</td><td>· 결제시점에 발생
· 당기손익으로 인식</td><td rowspan="2">발생하지 않음</td></tr>
<tr><td>외화환산 손익</td><td>· 최초 인식시점 또는 전기 말 환산시점의 환율과 달라져서 발생
· 발생 연도 당기손익으로 인식</td></tr>
</table>

1 최초 인식

외화로 이루어지는 거래는 최초에 그 거래일의 외화와 원화 사이의 현물환율을 외화금액에 적용하여 인식한다.(제42조①)

현물환율 | 외화거래의 환산에 사용하는 현물환율은 즉시 인도되는 거래에서 사용하는 환율이다. 회계기간 말의 현물환율은 마감환율이라고 한다.

2 외화자산 · 부채의 환산

화폐성외화자산 · 부채는 매 회계연도 말에 마감환율로 다시 환산하고, 비화폐성외

화자산 · 부채는 해당 자산을 취득하거나 해당 부채를 부담한 당시의 환율로 환산한다.(제42조②)

화폐성자산 · 부채 | 화폐성자산과 화폐성부채는 각각 받을 금액과 지급할 금액이 계약 등에 따라 일정한 화폐금액으로 고정되어 있는 것으로 그 예는 다음과 같다. 다만, 유가증권과 같이 화폐성과 비화폐성을 동시에 지닌 경우 해당 자산 · 부채의 보유 목적 또는 성질에 따라 구분한다.

① 화폐성자산: 현금및현금성자산, 매출채권, 미수금, 대여금

② 화폐성부채: 차입금, 매입채무, 미지급금, 사채, 퇴직급여충당금

비화폐성자산 · 부채 | 비화폐성외화자산 · 부채를 해당 자산을 취득하거나 해당 부채를 부담한 당시의 환율로 환산한다는 것은 최초 인식 후 회계연도 말에 별도로 환산하지 않는다는 뜻이다. 비화폐성자산과 비화폐성부채의 예는 다음과 같다.

① 비화폐성자산: 선급비용, 재고자산, 유형자산, 무형자산

② 비화폐성부채: 선수금, 예수금, 선수수익

적용 환율 | 외화자산 · 부채를 환산할 때 적용하는 환율은 법인세법 규정을 참고할 수 있다. 이에 따르면 회계기간 중에 발생된 외화자산 · 부채는 발생일의 「외국환거래법」에 의한 매매기준율 또는 재정(裁定)된 매매기준율을 적용하여 환산할 수 있다. 또한, 회계연도 중에 보유한 외환을 매각하거나 외환을 매입하는 경우에는 거래은행에서 실제 적용한 환율로 환산할 수 있다. 화폐성외화자산 · 부채는 회계기간 말의 「외국환거래법」에 따른 매매기준율 또는 재정(裁定)된 매매기준율로 환산할 수 있다.

[참고] 환산 시 환율 관련 법인세법 규정

- **법인세법 시행령 제76조(외화자산 및 부채의 평가)**

① 제61조제2항제1호부터 제7호까지의 금융회사 등이 보유하는 화폐성외화자산 · 부채와 통화선도등은 다음 각 호의 방법에 따라 평가하여야 한다. 〈개정 2010.12.30, 2012.2.2〉

1. 화폐성외화자산 · 부채: 사업연도 종료일 현재의 기획재정부령으로 정하는 매매기준율 또는 재정(裁定)된 매매기준율(이하 "매매기준율등"이라 한다)로 평가하는 방법

2. 통화선도등: 다음 각 호의 어느 하나에 해당하는 방법 중 관할 세무서장에게 신고한 방법에 따라 평가하는 방법. 다만, 최초로 나목의 방법을 신고하여 적용하기 이전 사업연도에는 가목의 방법을 적용하여야 한다.

가. 계약의 내용 중 외화자산 및 부채를 계약체결일의 매매기준율등으로 평가하는 방법

나. 계약의 내용 중 외화자산 및 부채를 사업연도 종료일 현재의 매매기준율등으로 평가하는 방법

② 제61조제2항제1호부터 제7호까지의 금융회사 등 외의 법인이 보유하는 화폐성외화자산·부채와 제73조제5호에 따라 화폐성외화자산·부채의 환위험을 회피하기 위하여 보유하는 통화선도등(이하 이 조에서 "환위험회피용통화선도등"이라 한다)은 다음 각 호의 어느 하나에 해당하는 방법 중 관할 세무서장에게 신고한 방법에 따라 평가하여야 한다. 다만, 최초로 제2호의 방법을 신고하여 적용하기 이전 사업연도의 경우에는 제1호의 방법을 적용하여야 한다. 〈개정 2010.12.30, 2012.2.2〉

1. 화폐성외화자산·부채와 환위험회피용통화선도등의 계약 내용 중 외화자산 및 부채를 취득일 또는 발생일(통화선도등의 경우에는 계약체결일을 말한다) 현재의 매매기준율등으로 평가하는 방법

2. 화폐성외화자산·부채와 환위험회피용통화선도등의 계약 내용 중 외화자산 및 부채를 사업연도 종료일 현재의 매매기준율등으로 평가하는 방법

③ 법인이 제1항제2호 및 제2항에 따라 신고한 평가방법은 그 후의 사업연도에도 계속하여 적용하여야 한다. 〈신설 2008.2.22, 2010.12.30〉

④ 제1항 및 제2항에 따른 화폐성외화자산·부채, 통화선도등 및 환위험회피용통화선도등을 평가함에 따라 발생하는 평가한 원화금액과 원화기장액의 차익 또는 차손은 해당 사업연도의 익금 또는 손금에 이를 산입한다. 이 경우 통화선도등 및 환위험회피용통화선도등의 계약 당시 원화기장액은 계약의 내용 중 외화자산 및 부채의 가액에 계약체결일의 매매기준율등을 곱한 금액을 말한다. 〈개정 2001.12.31, 2006.2.9, 2007.2.28, 2008.2.22, 2010.2.18, 2010.12.30, 2012.2.2〉

⑤ 내국법인이 상환받거나 상환하는 외화채권·채무의 원화금액과 원화기장액의 차익 또는 차손은 당해 사업연도의 익금 또는 손금에 이를 산입한다. 다만, 「한국은행법」에 따른 한국은행의 외화채권·채무 중 외화로 상환받거나 상환하는 금액(이하 이 항에서 "외화금액"이라 한다)의 환율변동분은 한국은행이 정하는 방식에 따라 해당 외화금액을 매각하여 원화로 전환한 사업연도의 익금 또는 손금에 산입한다. 〈개정 2007.2.28, 2008.2.22〉

⑥ 제1항제2호나목 또는 제2항제2호의 평가방법을 적용하려는 법인은 최초로 제1항제2호나목 또는 제2항제2호의 평가방법을 적용하려는 사업연도의 법 제60조에 따른 신고와

함께 기획재정부령으로 정하는 화폐성외화자산등평가방법신고서를 관할 세무서장에게 제출하여야 한다. 〈신설 2010.12.30〉

⑦ 제1항 및 제2항에 따라 화폐성외화자산·부채, 통화선도등 및 환위험회피용통화선도등을 평가한 법인은 법 제60조의 규정에 의한 신고와 함께 기획재정부령으로 정하는 외화자산등평가차손익조정명세서를 관할 세무서장에게 제출하여야 한다. 〈개정 2001.12.31, 2006.2.9, 2007.2.28, 2008.2.22, 2008.2.29, 2010.12.30, 2012.2.2〉

• 법인세법 시행규칙 제39조의2(외화자산 및 부채의 평가기준이 되는 매매기준율)

영 제76조제1항제1호에서 "기획재정부령으로 정하는 매매기준율 또는 재정(裁定)된 매매기준율"이란 「외국환거래규정」에 따른 매매기준율 또는 재정(裁定)된 매매기준율을 말한다. (2011.2.28. 개정)

• 법인세법 기본통칙 42-76…2(외화자산·부채의 기장환율)

외화자산·부채는 다음 각 호의 방법에 의하여 환산한 원화금액으로 기장한다.

1. 사업연도중에 발생된 외화자산·부채는 발생일 현재 「외국환거래법」에 의한 기준환율 또는 재정환율에 의하여 환산한다. 이 경우 외화자산·부채의 발생일이 공휴일인 때에는 그 직전일의 환율에 의한다.
2. 사업연도중에 보유외환을 매각하거나 외환을 매입하는 경우에는 거래은행에서 실제 적용한 환율에 의하여 기장한다.
3. 사업연도중에 보유외환으로 다른 외화자산을 취득하거나 기존의 외화부채를 상환하는 경우에는 보유외환의 장부상 원화금액으로 회계처리한다.

3 외화거래 관련 손익

화폐성외화자산·부채의 환산에서 발생하는 외화환산손익 및 결제시점에 발생하는 외환차손익은 해당 손익이 발생하는 회계연도의 손익으로 인식한다.(제42조③)

[사례 13-1] 외화거래

㈜중소전자는 20×1년 10월 1일에 제품X를 수출하고 대금 $1,000 중 $800를 20×2년 4월 1일에 회수하였다.

· 환율(₩/$)

20×1. 10. 1.	20×1. 12. 31.	20×2. 4. 1.	20×2. 12. 31.
1,100	1,200	1,150	1,180

① 20×1. 10. 1.

(차) 매출채권 1,100,000 (대) 매 출 1,100,000

* 1,000 × 1,100 = 1,100,000

② 20×1. 12. 31.

(차) 매출채권 100,000 (대) 외화환산이익 100,000*

* 1,200,000 − 1,100,000 = 100,000
환산 후 금액 1,000 × 1,200 = 1,200,000

③ 20×2. 4. 1.

(차) 현 금 920,000*1 (대) 매출채권 960,000
외환차손 40,000*2

*1) 800 × 1,150 = 920,000
*2) 920,000 − 960,000 = △40,000
직전 회계연도 말 장부금액 800 × 1,200 = 960,000

④ 20×2. 12. 31.

(차) 외화환산손실 4,000* (대) 매출채권 4,000

* 236,000 − 240,000 = △4,000
환산 후 금액 200 × 1,180 = 236,000
환산 전 장부금액 200 × 1,200 = 240,000

제 14 장 수익인식

<table>
<tr><th colspan="2">구 분</th><th>내 용</th></tr>
<tr><td rowspan="3">인식 시점</td><td>재화의 판매(건설형 공사계약 포함) 용역의 제공</td><td>· 재화 판매, 용역 제공 후 대가를 받을 권리를 갖게 되었을 때
· 장기할부매출: 할부금회수기일에 인식 가능</td></tr>
<tr><td>진행기준 (건설형 공사계약, 용역 제공)</td><td>· 진행기준을 적용하는 경우: [① 진행률, ② 기발생원가와 총투입원가]를 신뢰성 있게 측정 가능
당기수익: 당기 말 누적수익(계약금액×회계연도 말 현재 진행률) − 전기 말 누적수익
당기비용: 당기에 실제로 발생한 비용
· 단기용역 · 공사: 용역제공을 완료한 날, 공사 등을 완성한 날 수익 인식 가능</td></tr>
<tr><td>이자수익과 배당금수익</td><td>· 이자수익: 기간의 경과에 따라 유효이자율법 또는 정액법
· 배당금수익: 배당금을 받을 권리와 금액이 확정되는 시점
· 단, 각 회계연도 손익에 미치는 영향이 중요하지 않다면 현금을 받은 시점에 인식 가능</td></tr>
<tr><td>측정</td><td>일반기준</td><td>· 재화 판매, 용역 제공, 자산을 사용하게 하고 받았거나 받을 대가(매출채권의 측정과 일치)
· 매출에누리, 매출할인 및 매출환입 차감</td></tr>
</table>

1 재화 판매, 용역 제공의 일반적인 수익 인식 시점

재화를 판매하거나 용역을 제공하고 이에 대한 대가를 받을 권리를 갖게 되었을 때 수익을 인식한다. 다만, 회수기간이 1년 이상인 할부매출은 할부금회수기일에 수익을 인식할 수 있다.(제24조①)

[사례 14-1] 할부매출

㈜중소유통은 20×1년 1월 1일에 고객에게 상품을 인도하고, 20×1년 12월 31일과 20×2년 12월 31일에 각각 5,000원씩 회수하기로 하였다. (유효이자율: 10%)

· 연금현가계수(n=2, 10%): 1.7355
· 매출채권의 현재가치: 5,000×1.7355=8,678(원)

① 현재가치평가－유효이자율법 적용

· 상각표

일 자	상각액 (A)	현금 유입액 (B)	원금 회수액 (B−A)	장부금액
20×1. 1. 1.	−	−	−	8,678
20×1. 12. 31.	867	5,000	4,133	4,545
20×2. 12. 31.	455	5,000	4,545	−
합 계	1,322	10,000	8,678	

㉮ 20×1. 1. 1.

(차) 매출채권	10,000	(대) 매 출	8,678
		현재가치할인차금	1,322

㉯ 20×1. 12. 31.

(차) 현 금	5,000	(대) 매출채권	5,000
현재가치할인차금	867	이자수익	867

㉰ 20×2. 12. 31.

(차) 현 금	5,000	(대) 매출채권	5,000
현재가치할인차금	455	이자수익	455

② 할부금회수기일에 수익을 인식하는 경우

㉮ 20×1. 1. 1. 〈회계처리 없음〉

㉯ 20×1. 12. 31., 20×2. 12. 31.

(차) 현 금	5,000	(대) 매 출	5,000

재화의 판매 | 일반적으로 판매자가 구매자에게 재화를 인도하여 대가를 받을 권리를 갖게 된 시점에 수익을 인식한다. 구매자에게 재화가 인도되었다고 해서 반드시 수익인식 조건을 만족하는 것은 아니다. 인도 이후에도 판매자가 대가를 받을 권리를 갖지 못한 경우에는 그 거래를 아직 판매로 보지 않고 수익을 인식하지 않는

다. 이 경우에는 수익을 인식할 수 있는 사건이 발생할 때까지는 받은 현금을 부채(선수금)로 인식한다. 재화가 인도된 시점에 수익을 인식할 수 없는 경우의 예는 다음과 같다.

① 구매자가 재화를 재판매하여야 판매대금을 회수할 수 있는 경우
위탁판매: 위탁자는 수탁자가 해당 재화를 제3자에게 판매한 시점에 수익을 인식한다. 유통업자나 재판매를 목적으로 하는 중간상에게 판매한 경우, 해당 구매자가 실질적으로 대리인의 역할만 한다면 위탁판매로 본다.

[사례 14-2] 위탁판매

㈜중소전자는 ㈜L유통과 위탁매매계약을 체결하고 20×1년 1월 1일에 매입원가 5,000원(50×@100)인 제품A를 ㈜L유통에 인도하고 운반비 100원을 현금으로 지급하였다. ㈜L유통은 20×1년 12월 31일까지 제품A를 개당 150원에 40개 판매하였다. 판매수수료는 매출금액의 10%이고 해당 금액을 제외하고 현금으로 수령하였다.

① 20×1. 1. 1.

(차) 운 반 비	100	(대) 현 금	100

② 20×1. 12. 31.

(차) 현 금	5,400	(대) 매 출	6,000
판 매 비	600		
(차) 매출원가	4,000	(대) 상 품	4,000

② 설치조건부 판매에서 계약의 중요한 부분을 차지하는 설치가 아직 완료되지 않은 경우

용역의 제공 | 용역을 제공하고 대가를 받을 권리를 갖게 된 시점에 수익을 인식한다. 용역의 성격에 따른 수익인식의 예는 다음과 같다.

① 수강료: 강의시간에 걸쳐 수익으로 인식한다.
② 입회비, 입장료, 회원가입비: 제공되는 용역의 성격에 따라 수익을 인식한다.
회비가 회원가입만 위한 것이고 그 밖의 모든 용역이나 재화의 제공대가를 별도로 받거나 별도의 연회비가 있다면, 해당 회비는 회수에 중요한 불확실성이 없는 시점에 수익으로 인식한다.

회비를 납부하고 회원가입기간에 무상으로 용역이나 간행물을 제공받거나 재화나 용역을 회원이 아닌 고객보다 싸게 구매할 수 있다면 이러한 효익이 진행되는 시기, 성격과 가치를 반영하는 기준으로 수익을 인식한다.

[사례 14-3] 입회비 · 입장료 · 회원가입비의 수익인식

중소헬스는 각 회원이 최초로 등록하는 시점에 총 80,000원을 받고 다음과 같은 조건으로 운동기구와 시설 등을 이용하도록 하고 있다.

① 모든 회원은 최초 등록 시점에 가입비로 10,000원을 납부하고, 재등록을 할 때에는 가입비를 납부하지 않는다. 단, 가입비는 회원에게 반환하지 않는다.
② 이용기간은 1년 단위로 구분되며, 회원은 헬스장 내의 모든 운동기구와 시설을 사용할 수 있고 트레이너의 관리를 받을 수 있다. 이용요금은 연간 60,000원이다.
③ 회원은 헬스장 이용기간에 무료로 보관함을 사용할 수 있다. 이에 대한 보증금으로 10,000원을 내어야 하며, 이용기간 후에는 되돌려받을 수 있다.

조 건	수익인식 시점
회원가입비	최초 입회 시점에 10,000원을 수익으로 인식
연간 이용요금	매월 5,000원(60,000원/12개월)씩 수익으로 인식
보관함 보증금	10,000원을 부채로 인식(수익으로 인식할 수 없음)

2 진행기준

용역 제공과 건설형 공사계약의 경우, 진행률과 이미 발생한 원가와 거래를 완료하기 위하여 투입해야 할 원가를 신뢰성 있게 측정할 수 있다면 대가를 받을 권리를 갖게 된 것으로 보아 진행률에 따라 용역이 제공되거나 공사 또는 제작이 진행되는 회계연도에 걸쳐 수익을 인식한다. 다만, 1년 내에 완료 · 완성되는 용역 및 건설형 공사계약은 각각 용역 제공을 완료한 날과 공사 또는 제작을 완성한 날에 수익을 인식할 수 있다.(제24조②)

건설형 공사계약 | 단일 자산의 건설공사나, 설계 · 기술 · 기능 · 최종목적이나 용도가 밀접하게 서로 연관된 복수 자산의 건설공사를 위해 합의된, 법적으로 구속력

있는 계약을 말한다. 건설형 공사계약은 건물, 교량, 댐, 파이프라인, 도로, 터널 등의 건설 공사계약과 선박, 항공기, 레이더 · 무기 · 우주장비 등의 복잡한 전자장비의 제작과 같은 특별한 주문생산형 공사계약도 포함하고 다음과 같은 유형의 계약도 포함한다.

① 자산의 건설공사와 직접 관련된 용역제공 계약(예: 공사감리, 설계용역 계약)
② 자산의 철거나 원상회복, 자산의 철거에 따르는 환경 복구에 관한 계약
③ 예약매출(예: 청약을 받아 분양하는 아파트)

진행률을 적용하지 아니하는 계약 | 이러한 계약의 예는 다음과 같다.

① 구매자가 규격을 정하여 주문한 제품이지만 표준화된 제조공정에서 생산한 후 일상적인 영업망을 통해 판매하고, 수익을 판매기준에 따라 인식할 수 있으며 매출원가는 재고자산의 평가를 통하여 산출될 수 있는 제품의 공급 계약
② 규격화된 제품을 일정 기간 반복 생산하여 공급하거나 보유 재고를 공급하는 계약

진행률의 적용 | 거래의 특성에 따라 작업의 진행정도를 가장 신뢰성 있게 측정할 수 있는 방법을 선택한다. 예를 들면, 진행률은 다음 중 하나의 방법을 이용하여 계산할 수 있다.

① 총예상작업량(작업시간) 대비 실제작업량(작업시간)의 비율
② 총예상용역량 대비 현재까지 제공한 누적용역량의 비율
③ 총추정원가 대비 현재까지 발생한 누적원가*의 비율

* 현재까지 발생한 누적원가는 현재까지 수행한 용역 등의 원가만을 포함하며, 총추정원가는 현재까지 발생한 누적원가와 향후 수행해야 할 용역 등의 원가를 합한 금액이다.

③에 따라 공사의 진행률을 원가 기준으로 결정하는 경우 실제로 수행된 작업에 대한 원가만 발생원가에 포함한다.

원가 기준에 따른 공사진행률 = 실제공사비 누적발생액 ÷ 총공사예정원가*

* 총공사예정원가: 이미 발생한 공사원가 + 향후 발생할 공사예정원가

공사진행률을 계산할 때 제외되는 공사원가 | 공사진행률을 산정할 때 고려하지 않는 금액은 다음과 같다.

① 공사 현장에 투입되었으나 아직 공사에 사용되지 않거나 설치되지 않은 재료 또는 부품의 원가. 다만, 해당 공사를 위해 특별히 제작되거나 조립된 경우는 발생원가에 포함한다.
② 아직 수행되지 않은 하도급 공사를 위하여 하도급자에게 선급한 금액
③ 토지의 취득원가
④ 자본화대상 이자비용 등
⑤ 재개발 등의 이주 대여비 관련 순이자비용
⑥ 공사손실충당부채전입액

[사례 14-4] 진행률

㈜중소건설은 20×1년 1월 1일에 아파트 건설을 위해 토지를 300,000원에 매입하고 건설을 시작하였다.
회사는 공사 종료 후 2년간 하자가 발생하는 경우 무상으로 보수할 의무가 있다. 하자보수예상액은 50,000원이다.
토지 취득원가와 하자보수예상액이 제외된 누적공사원가와 총공사예정원가는 다음과 같다.

	20×1년	20×2년
누적공사원가	150,000	300,000
총공사예정원가	250,000	300,000

이 경우 각 연도별 공사진행률은 다음과 같다.

	20×1년	20×2년
누적공사원가	150,000	350,000*2
총공사예정원가	300,000*1	350,000*2
공사진행률	50%	100%

하자보수예상액을 반영하여 누적공사원가와 총공사예정원가 재계산
*1) 250,000 + 50,000 = 300,000
*2) 300,000 + 50,000 = 350,000

진행기준에 따른 수익 · 비용의 인식 | 당기수익은 계약금액(보상금, 장려금 등 추가될 수익 중 발생할 가능성이 매우 높고 신뢰성 있게 측정할 수 있는 금액을 포함

한다)에 회계연도 말 현재의 진행률을 적용한 누적수익에서 전기 말까지 인식한 누적수익을 차감하여 산출한다. 이 경우 당기에 실제로 발생한 총비용을 수익에 대응하여 인식한다.

당기수익＝계약금액×진행률－전기 말까지 누적수익

[사례 14-5] **건설형 공사계약**

㈜20×1년 4월 1일에 ㈜중소건설은 총 계약금액 120,000원에 건설공사를 수주하여 선수금 10,000원을 받았다. 추정 공사원가는 90,000원이며, 20×1년 12월 31일까지 실제로 발생한 공사비는 30,000원이다. 공사수익은 진행기준에 따라 인식한다.

① 20×1. 4. 1.

(차) 현　　금	10,000	(대) 공사선수금	10,000

② 20×1. 공사원가 발생 시

(차) 미성공사	30,000	(대) 현금 등	30,000

③ 20×1. 12. 31.

(차) 공사선수금	10,000	(대) 공사수익	40,000*
공사미수금	30,000		
(차) 공사원가	30,000	(대) 미성공사	30,000

* 공사수익 120,000×(30,000÷90,000)＝40,000

3 이자수익과 배당금수익

이자수익과 배당금수익은 다음 각 호에 따라 인식한다. 다만, 각 회계연도의 손익에 미치는 영향이 중요하지 않다면 실제로 현금을 받은 시점에 수익을 인식할 수 있다.(제24조③)

1. 이자수익: 유효이자율법이나 정액법을 적용하여 기간의 경과에 따라 인식한다.

2. 배당금수익: 배당금을 받을 권리와 금액이 확정되는 시점에 인식한다.

[사례 14-6] 이자수익

① ㈜중소상사는 20×1년 7월 1일에 1,000원을 대여하고 매년 6월 30일에 10%씩 이자를 받기로 하였다. ㈜중소상사의 회계기간은 1월 1일부터 12월 31일까지이다.

㉮ 20×1. 7. 1.

(차) 대 여 금	1,000	(대) 현 금	1,000

㉯ 20×1. 12. 31.

(차) 미수이자	50	(대) 이자수익	50

㉰ 20×2. 6. 30.

(차) 현 금	100	(대) 이자수익	50
		미수이자	50

② ㈜중소전기는 20×3년 7월 1일에 1,000원을 대여하고 매년 6월 30일에 10%씩 이자를 받기로 하였다. 해당 이자수익은 금액이 미미하여 당기손익에 미치는 영향이 중요하지 않으므로 현금을 회수하는 시점에 수익을 인식하기로 하였다. ㈜중소전기의 회계기간은 1월 1일부터 12월 31일까지이다.

㉮ 20×3. 7. 1.

(차) 대 여 금	1,000	(대) 현 금	1,000

㉯ 20×4. 6. 30.

(차) 현 금	100	(대) 이자수익	100

[사례 14-7] 배당금수익

① ㈜중소건설은 20×2년 2월 28일 ㈜S전자 주주총회 배당결의에 따라 보유주식 20주에 대하여 주당 100원의 배당금을 20×2년 4월 1일에 받았다. ㈜중소건설의 회계기간은 4월 1일부터 3월 31일까지이다.

㉮ 20×2. 2. 28.

(차) 미수배당금	2,000	(대) 배당금수익	2,000

㉯ 20×2. 4. 1.

(차) 현 금	2,000	(대) 미수배당금	2,000

② ㈜중소통신은 20×2년 2월 28일 ㈜S전자 주주총회 배당결의에 따라 보유주식 20주에 대하여 주당 100원의 배당금을 20×2년 4월 1일에 받았다. 해당 배당금수익은 금액이 미미하여 당기손익에 미치는 영향이 중요하지 않으므로 현금을 회수하는 시점에 수

익을 인식하기로 하였다. ㈜중소통신의 회계기간은 4월 1일부터 3월 31일까지이다.

20×2. 4. 1.

(차) 현 금 2,000 (대) 배당금수익 2,000

4 그 밖의 수익

라이선스 수수료와 로열티수익 | 라이선스 수수료와 로열티수익은 보통 계약의 실질에 따라 수익으로 인식한다. 예를 들어 라이선스 사용자가 특정 기간 동안 특정 기술을 사용할 권리를 갖는다면 약정기간에 걸쳐 정액 기준으로 수익을 인식한다.

[사례 14-8] 라이선스 수수료

㈜중소농산은 20×1년 1월 1일부터 20×3년 12월 31일까지 ㈜D유업이 딸기원액 추출 특허기술을 사용할 수 있도록 라이선스 계약을 맺고 총계약대가 30,000원을 20×1년 1월 1일에 받았다. 계약기간이 종료되면 ㈜D유업은 해당 기술을 더 이상 사용할 수 없다. ㈜중소농산은 각 연도별로 10,000원씩 정액 기준으로 수익을 인식하기로 하였다.

① 20×1. 1. 1.

(차) 현 금 30,000 (대) 선수수익 30,000

② 20×1. 12. 31., 20×2. 12. 31., 20×3. 12. 31.

(차) 선수수익 10,000 (대) 수수료수익 10,000

5 수익의 측정

수익은 재화를 판매하거나, 용역을 제공하거나, 자산을 사용하게 하여 받았거나 받을 대가로 측정하고, 매출에누리, 매출할인과 매출환입은 수익에서 차감한다.(제 25조)

장기매매거래 | 장기매매거래에서 발생한 매출채권에 현재가치평가를 하지 않는다면 수익(매출액)도 현재가치평가를 하지 않은 금액으로 측정한다. (제11장 '금융상품' 사례 11-1 참조)

제 15 장 자본거래

<table>
<tr><th>거 래</th><th colspan="2">비 고</th><th>회계처리</th></tr>
<tr><td>자본금</td><td colspan="3">· 법정자본금</td></tr>
<tr><td rowspan="2">주식발행</td><td colspan="2">발행금액 > 액면금액</td><td>· 차액을 주식발행초과금(자본잉여금)</td></tr>
<tr><td colspan="2">발행금액 < 액면금액</td><td>· 차액을 주식할인발행차금과 우선 상계
· 남은 금액은 주식할인발행차금(자본조정), 향후 주식발행초과금과 우선 상계</td></tr>
<tr><td>자기주식취득</td><td colspan="3">· 취득원가를 자기주식(자본조정)</td></tr>
<tr><td rowspan="2">자기주식처분</td><td colspan="2">처분금액 > 장부금액</td><td>· 차액을 자기주식처분이익(자본잉여금)</td></tr>
<tr><td colspan="2">처분금액 < 장부금액</td><td>· 차액을 자기주식처분이익과 우선 상계
· 남은 금액은 자기주식처분손실(자본조정), 향후 자기주식처분이익과 우선 상계</td></tr>
<tr><td>배당</td><td colspan="3">· 현금배당: 이익잉여금에서 차감
· 주식배당: 발행주식의 액면금액을 배당액으로 하여 자본금 증가, 이익잉여금에서 차감</td></tr>
<tr><td rowspan="4">주식소각</td><td rowspan="2">자기
주식
소각</td><td>취득원가 < 액면금액</td><td>· 차액을 감자차익(자본잉여금)</td></tr>
<tr><td>취득원가 > 액면금액</td><td>· 차액을 감자차익과 우선 상계
· 남은 금액은 감자차손(자본조정), 향후 감자차익과 우선 상계</td></tr>
<tr><td colspan="2">이익 소각</td><td>· 소각 주식의 취득원가만큼 이익잉여금 감소</td></tr>
<tr><td colspan="2">무상감자, 주식병합</td><td>· 감소하는 액면금액을 감자차익(자본잉여금)</td></tr>
</table>

1 주식의 발행

주식(상환우선주 등을 포함한다)을 발행하는 경우에는 다음 각 호에 따라 회계처리 한다.(제45조①)

1. 주식의 발행금액이 액면금액보다 큰 경우: 그 차액을 자본잉여금의 주식발행초과

금으로 회계처리한다.

2. 주식의 발행금액이 액면금액보다 작은 경우: 그 차액을 주식발행초과금의 범위에서 상계하고, 남아있는 금액이 있으면 자본조정의 주식할인발행차금으로 회계처리한다.

이익잉여금 처분 등으로 상각되지 않은 주식할인발행차금은 향후 발생하는 주식발행초과금과 우선적으로 상계한다.(제45조②)

[사례 15-1] 액면발행

20×1년 1월 1일에 ㈜중소전기를 설립하고 주당 액면 5,000원의 보통주 100주를 발행하여 주주들은 발행대금 500,000원을 현금으로 납입하였다.

(차) 현 금	500,000	(대) 자 본 금	500,000

[사례 15-2] 유상증자 - 할증발행

㈜중소전기는 20×1년 7월 1일에 보통주 10주를 6,000원에 발행하였다.

(차) 현 금	60,000	(대) 자 본 금	50,000 *1
		주식발행초과금	10,000 *2

*1) 5,000 × 10 = 50,000
*2) (6,000 × 10) − 50,000 = 10,000

[사례 15-3] 유상증자 - 할인발행

㈜중소전기는 20×2년 7월 1일에 보통주 10주를 3,000원에 발행하였다.

(차) 현 금	30,000	(대) 자 본 금	50,000 *1
주식발행초과금	10,000		
주식할인발행차금	10,000 *2		

*1) 5,000 × 10 = 50,000
*2) 50,000 − (3,000 × 10) − 10,000(주식발행초과금) = 10,000

무액면주식의 발행 | 상법 제451조제2항에 따르면 회사가 무액면주식을 발행하는 경우 주식 발행금액의 1/2 이상의 금액으로서 이사회(또는 주주총회)에서 자본금으로 계상하기로 한 금액의 총액을 자본금으로 한다. 발행금액 중 자본금으로 계상하고 남은 금액은 주식발행초과금(자본잉여금)으로 회계처리한다.

[참고] 자본금 관련 상법 규정

제451조(자본금) ① 회사의 자본금은 이 법에서 달리 규정한 경우 외에는 발행주식의 액면총액으로 한다.

② 회사가 무액면주식을 발행하는 경우 회사의 자본금은 주식 발행가액의 2분의 1 이상의 금액으로서 이사회(제416조 단서에서 정한 주식발행의 경우에는 주주총회를 말한다)에서 자본금으로 계상하기로 한 금액의 총액으로 한다. 이 경우 주식의 발행가액 중 자본금으로 계상하지 아니하는 금액은 자본준비금으로 계상하여야 한다.

③ 회사의 자본금은 액면주식을 무액면주식으로 전환하거나 무액면주식을 액면주식으로 전환함으로써 변경할 수 없다.

현물출자 | 회사가 현물을 받고 주식을 발행한 경우에는 제공받은 현물의 공정가치를 주식의 발행금액으로 한다. 주식의 발행금액과 액면금액의 차액은 현금을 받은 경우와 같은 방식으로 회계처리한다.

[사례 15-4] 현물출자

㈜중소전기는 20×3년 7월 1일에 주주에게서 토지를 출자받았다. 이 토지의 공정가치는 345,000원이며, 출자자에게 주당 액면 5,000원인 주식 50주를 지급하였다.

(차) 토 지	345,000	(대) 자 본 금	250,000*
		주식할인발행차금	10,000
		주식발행초과금	85,000

* 5,000 × 50 = 250,000

자본거래 원가 | 주식을 발행하거나 취득하는 과정에서 등록비, 그 밖의 규제 관련 수수료, 법률 및 회계자문 수수료, 주권인쇄비 및 인지세와 같은 여러 가지 지출이

발생한다. 이러한 지출 중 자본거래가 없었다면 회피할 수 있고 자본거래에 직접 관련되어 발생한 추가원가는 주식발행초과금에서 차감하거나 주식할인발행차금에 가산한다. 중도에 포기한 자본거래 관련 원가는 당기비용으로 인식한다.

자본잉여금이나 이익잉여금을 자본금에 전입하여 주주에게 무상으로 신주를 발행하는 경우에는 주식의 액면금액을 주식의 발행금액으로 한다.(제45조③)

[사례 15-5] 무상증자

㈜중소전기는 20×4년 7월 1일에 보통주(액면 5,000원)에 대해 주식발행초과금을 재원으로 5.89%의 무상증자를 실시하였다. 현재 유통보통주식 수는 170주이다.

(차) 주식발행초과금	50,000	(대) 자 본 금	50,000*

* 5,000×170×5.89%＝50,000

2 자기주식

(1) 취득

주식을 발행한 회사가 발행된 주식을 다시 취득하는 경우에는 그 취득원가를 자본조정의 자기주식으로 회계처리한다.(제46조①)

[사례 15-6] 자기주식 취득

㈜중소전기는 20×4년 10월 1일에 발행주식 40주를 주당 7,000원에 취득하였다.

(차) 자기주식	280,000*	(대) 현 금	280,000

* 7,000×40＝280,000

자기주식은 다음과 같이 대차대조표에 표시한다.

자본조정		×××
자기주식	(280,000)	
……	×××	

(2) 처분

자기주식을 처분하는 경우에는 다음 각 호에 따라 회계처리한다.(제46조②)

1. 처분금액이 장부금액보다 큰 경우: 그 차액을 자본잉여금의 자기주식처분이익으로 회계처리한다.

2. 처분금액이 장부금액보다 작은 경우: 그 차액을 자기주식처분이익의 범위에서 상계하고, 남아있는 금액이 있으면 자본조정의 자기주식처분손실로 회계처리한다.

이익잉여금 처분 등으로 상각되지 않은 자기주식처분손실은 향후 발생하는 자기주식처분이익과 우선적으로 상계한다.(제46조③)

[사례 15-7] 자기주식처분이익

㈜중소전기는 20×5년 7월 1일에 자기주식 중 20주를 주당 8,000원에 매각하였다.

(차)		(대)	
현 금	160,000*1	자기주식	140,000*2
		자기주식처분이익	20,000

*1) 8,000×20=160,000

*2) 7,000×20=140,000

[사례 15-8] 자기주식처분손실

㈜중소전기는 20×5년 12월 1일에 자기주식 10주를 주당 4,000원에 매각하였다.

(차)		(대)	
현 금	40,000*1	자기주식	70,000*2
자기주식처분이익	20,000		
자기주식처분손실	10,000*3		

*1) 4,000×10=40,000

*2) 7,000×10=70,000

*3) (40,000+20,000)−70,000=△10,000

3 주식의 소각

(1) 자기주식 소각

자기주식을 소각하는 경우에는 다음 각 호에 따라 회계처리한다.(제47조①)

1. 주식의 취득원가가 액면금액보다 작은 경우: 그 차액을 자본잉여금의 감자차익으로 회계처리한다.

2. 주식의 취득원가가 액면금액보다 큰 경우: 그 차액을 감자차익의 범위에서 상계하고, 남아있는 금액이 있으면 자본조정의 감자차손으로 회계처리한다.

감자차손이 이익잉여금 처분 등으로 상각되지 않고 남은 잔액은 향후 발생하는 감자차익과 우선적으로 상계한다.(제47조②)

[사례 15-9] 유상감자

㈜중소전기는 20×6년 2월 28일 주주총회에서 보유 중인 자기주식 10주를 소각하여 발행주식을 감소하기로 결의하였다.

(차) 자 본 금	50,000	(대) 자기주식	70,000
감자차손	20,000		

(2) 이익 소각

발행한 주식을 이익으로 소각하는 경우에는 소각하는 주식의 취득원가에 해당하는 이익잉여금을 감소시킨다.(제47조③)

[참고] 주식 상환 관련 상법 규정

제345조(주식의 상환에 관한 종류주식) ① 회사는 정관으로 정하는 바에 따라 회사의 이익으로써 소각할 수 있는 종류주식을 발행할 수 있다. 이 경우 회사는 정관에 상환가액, 상환기간, 상환의 방법과 상환할 주식의 수를 정하여야 한다.

② 제1항의 경우 회사는 상환대상인 주식의 취득일부터 2주 전에 그 사실을 그 주식의 주주 및 주주명부에 적힌 권리자에게 따로 통지하여야 한다. 다만, 통지는 공고로 갈음할 수 있다.
③ 회사는 정관으로 정하는 바에 따라 주주가 회사에 대하여 상환을 청구할 수 있는 종류주식을 발행할 수 있다. 이 경우 회사는 정관에 주주가 회사에 대하여 상환을 청구할 수 있다는 뜻, 상환가액, 상환청구기간, 상환의 방법을 정하여야 한다.
④ 제1항 및 제3항의 경우 회사는 주식의 취득의 대가로 현금 외에 유가증권(다른 종류주식은 제외한다)이나 그 밖의 자산을 교부할 수 있다. 다만, 이 경우에는 그 자산의 장부가액이 제462조에 따른 배당가능이익을 초과하여서는 아니 된다.
⑤ 제1항과 제3항에서 규정한 주식은 종류주식(상환과 전환에 관한 것은 제외한다)에 한정하여 발행할 수 있다.[전문개정 2011.4.14]

(3) 무상감자

주주에게 순자산을 반환하지 않으면서 주식의 액면금액이나 주식 수를 감소시키는 경우에는 감소되는 액면금액 또는 감소되는 주식 수에 해당하는 액면금액을 자본잉여금의 감자차익으로 회계처리한다.(제47조④)

[사례 15-10] 무상감자

㈜중소전기는 20×7년 2월 28일 주주총회에서 현재의 발행주식 170주를 2주당 1주의 비율로 감소시키기로 의결하였다.

(차) 자 본 금	425,000*1	(대) 감자차손	20,000
		감자차익	405,000*2

*1) (170×1/2)×5,000=425,000
*2) 425,000−20,000=405,000

4 자본조정의 처리

자본조정의 처리 | 이익잉여금 처분 등으로 상각되지 않은 주식할인발행차금, 자기주식처분손실, 감자차손은 각각 향후 주식발행초과금, 자기주식처분이익, 감자차익이 발생하면 이와 상계한다.

5 배당

주주에게 현금으로 배당하는 경우에는 그 배당액을 이익잉여금에서 차감한다.(제48조①) 주주에게 주식으로 배당하는 경우에는 발행주식의 액면금액을 배당액으로 하여 자본금을 증가시키고 이익잉여금을 감소시킨다.(제48조②)

[사례 15-11] 현금배당

㈜중소전기는 20×8년 2월 15일에 이사회에서 보통주 1주당 100원의 현금배당을 하기로 하고 2월 28일 주주총회에서 이를 결의하였다. 그리고 3월 30일에 현금배당금을 지급하였다. 이 회사의 보통주 총발행주식수는 85주이며, 자기주식은 없다.

① 20×8. 2. 15. 〈회계처리 없음〉

② 20×8. 2. 28.

(차) 미처분이익잉여금	8,500	(대) 미지급배당금	8,500*

* 85×100=8,500

③ 20×8. 3. 30.

(차) 미지급배당금	8,500	(대) 현 금	8,500

[사례 15-12] 주식배당

㈜중소전기는 20×9년 2월 28일 주주총회에서 10%의 주식배당을 하기로 결의하고 20×9년 3월 30일에 주식을 교부하였다. 주식배당 전 이 회사의 보통주 총발행주식수는 85주이며, 액면금액은 5,000원이다.

① 20×9. 2. 28.

(차) 미처분이익잉여금	42,500	(대) 미교부주식배당	42,500*

* 85×10%×5,000=42,500

② 20×9. 3. 30.

(차) 미교부주식배당	42,500	(대) 자 본 금	42,500

[참고] 배당 관련 상법 규정

제462조(이익의 배당) ① 회사는 대차대조표의 순자산액으로부터 다음의 금액을 공제한 액을 한도로 하여 이익배당을 할 수 있다.

1. 자본금의 액
2. 그 결산기까지 적립된 자본준비금과 이익준비금의 합계액
3. 그 결산기에 적립하여야 할 이익준비금의 액
4. 대통령령으로 정하는 미실현이익

② 이익배당은 주주총회의 결의로 정한다. 다만, 제449조의2제1항에 따라 재무제표를 이사회가 승인하는 경우에는 이사회의 결의로 정한다.

③ 제1항을 위반하여 이익을 배당한 경우에 회사채권자는 배당한 이익을 회사에 반환할 것을 청구할 수 있다.

④ 제3항의 청구에 관한 소에 대하여는 제186조를 준용한다.[전문개정 2011.4.14]

제462조의2(주식배당) ① 회사는 주주총회의 결의에 의하여 이익의 배당을 새로이 발행하는 주식으로써 할 수 있다. 그러나 주식에 의한 배당은 이익배당총액의 2분의 1에 상당하는 금액을 초과하지 못한다.

② 제1항의 배당은 주식의 권면액으로 하며, 회사가 종류주식을 발행한 때에는 각각 그와 같은 종류의 주식으로 할 수 있다. 〈개정 1995.12.29, 2011.4.14〉

③ 주식으로 배당할 이익의 금액중 주식의 권면액에 미달하는 단수가 있는 때에는 그 부분에 대하여는 제443조제1항의 규정을 준용한다. 〈개정 1995.12.29〉

④ 주식으로 배당을 받은 주주는 제1항의 결의가 있는 주주총회가 종결한 때부터 신주의 주주가 된다. 이 경우 제350조제3항 후단의 규정을 준용한다. 〈개정 1995.12.29〉

⑤ 이사는 제1항의 결의가 있는 때에는 지체없이 배당을 받을 주주와 주주명부에 기재된 질권자에게 그 주주가 받을 주식의 종류와 수를 통지하고, 무기명식의 주권을 발행한 때에는 제1항의 결의의 내용을 공고하여야 한다.

⑥ 제340조제1항의 질권자의 권리는 제1항의 규정에 의한 주주가 받을 주식에 미친다. 이 경우 제340조제3항의 규정을 준용한다.[본조신설 1984.4.10]

제462조의3(중간배당) ① 년 1회의 결산기를 정한 회사는 영업연도중 1회에 한하여 이사회의 결의로 일정한 날을 정하여 그날의 주주에 대하여 이익을 배당(이하 이 조에서 “중간배당”이라 한다)할 수 있음을 정관으로 정할 수 있다. 〈개정 2011.4.14〉

② 중간배당은 직전 결산기의 대차대조표상의 순자산액에서 다음 각 호의 금액을 공제한 액을 한도로 한다. 〈개정 2001.7.24, 2011.4.14〉

1. 직전 결산기의 자본금의 액
2. 직전 결산기까지 적립된 자본준비금과 이익준비금의 합계액
3. 직전 결산기의 정기총회에서 이익으로 배당하거나 또는 지급하기로 정한 금액
4. 중간배당에 따라 당해 결산기에 적립하여야 할 이익준비금

③ 회사는 당해 결산기의 대차대조표상의 순자산액이 제462조제1항 각 호의 금액의 합계액에 미치지 못할 우려가 있는 때에는 중간배당을 하여서는 아니된다. 〈개정 2001.7.24〉

④ 당해 결산기 대차대조표상의 순자산액이 제462조제1항 각 호의 금액의 합계액에 미치지 못함에도 불구하고 중간배당을 한 경우 이사는 회사에 대하여 연대하여 그 차액(배당액이 그 차액보다 적을 경우에는 배당액)을 배상할 책임이 있다. 다만, 이사가 제3항의 우려가 없다고 판단함에 있어 주의를 게을리하지 아니하였음을 증명한 때에는 그러하지 아니하다. 〈개정 2001.7.24〉

⑤ 제340조제1항, 제344조제1항, 제350조제3항(제423조제1항, 제516조제2항 및 제516조의10에서 준용하는 경우를 포함한다. 이하 이 항에서 같다), 제354조제1항, 제458조, 제464조 및 제625조제3호의 규정에 적용에 관하여는 중간배당을 제462조제1항의 규정에 의한 이익의 배당으로, 제350조제3항의 규정의 적용에 관하여는 제1항의 일정한 날을 영업연도말로 본다. 〈개정 2011.4.14〉

⑥ 제399조제2항 · 제3항 및 제400조의 규정은 제4항의 이사의 책임에 관하여, 제462조제3항 및 제4항은 제3항의 규정에 위반하여 중간배당을 한 경우에 이를 준용한다. 〈개정 2011.4.14〉[본조신설 1998.12.28]

제462조의4(현물배당) ① 회사는 정관으로 금전 외의 재산으로 배당을 할 수 있음을 정할 수 있다.

② 제1항에 따라 배당을 결정한 회사는 다음 사항을 정할 수 있다.

1. 주주가 배당되는 금전 외의 재산 대신 금전의 지급을 회사에 청구할 수 있도록 한 경우에는 그 금액 및 청구할 수 있는 기간

2. 일정 수 미만의 주식을 보유한 주주에게 금전 외의 재산 대신 금전을 지급하기로 한 경우에는 그 일정 수 및 금액[본조신설 2011.4.14]

제464조의2(이익배당의 지급시기) ① 회사는 제464조에 따른 이익배당을 제462조제2항의 주주총회나 이사회의 결의 또는 제462조의3제1항의 결의를 한 날부터 1개월 내에 하여야 한다. 다만, 주주총회 또는 이사회에서 배당금의 지급시기를 따로 정한 경우에는 그러하지 아니하다. 〈개정 2011.4.14〉

② 제1항의 배당금의 지급청구권은 5년간 이를 행사하지 아니하면 소멸시효가 완성한다.[본조신설 1984.4.10][제목개정 2011.4.14]

제 16 장 리스거래

구 분		리스이용자의 회계처리
운용리스	금융리스가 아닌 리스거래	· 보증잔존가치를 차감한 최소리스료를 리스기간에 걸쳐 균등하게* 배분하여 비용 인식 * 체계적으로 인식할 수 있는 기준이 있다면 해당 기준을 따름
금융리스	자산의 소유권이 실질적으로 이전되는 리스거래	· 금융리스자산*과 금융리스부채* 인식 * min(최소리스료를 리스제공자 내재이자율로 할인한 금액, 리스자산의 공정가치)

1 리스거래의 구분

'리스거래'란 리스제공자가 자산의 사용권을 합의된 기간 동안 리스이용자에게 이전하고, 리스이용자는 사용료를 지급하는 계약을 말한다.(제49조①)

자산의 소유권이 실질적으로 리스이용자에게 이전되는 리스거래는 금융리스로, 그 밖의 경우는 운용리스로 분류한다. 이 경우, 소유권이 실질적으로 이전되는지는 계약의 형식이 아닌 거래의 실질적인 내용에 따라 판단한다.(제49조②)

〈용어 정의〉

- 리스실행일: 리스계약에 따라 리스료가 최초로 발생되는 날을 말한다.
- 리스기간: 리스이용자가 특정 자산을 리스하기로 약정을 맺은 해지불가능한 기간을 말한다.
- 최소리스료: 리스기간에 리스이용자가 리스제공자에게 지급해야 하는 금액을 말한다.
- 염가매수선택권: 리스이용자의 선택에 따라 리스이용자가 해당 자산을 매수선택권 행사일 현재의 공정가치보다 현저하게 낮은 가격으로 매수할 수 있는 권리를 말한다.

• 내재이자율: 리스실행일 현재 리스제공자가 수령하는 최소리스료와 무보증잔존가치의 합계액을 리스자산의 공정가치와 일치시키는 할인율을 말한다.

금융리스 | 다음 중 어느 하나에 해당하면 금융리스로 분류한다.

① 리스기간 말이나 그 전에 리스자산의 소유권이 리스이용자에게 이전되는 경우
② 리스실행일 현재 리스이용자가 염가매수선택권을 가지고 있고, 이를 행사할 것이 확실한 경우
③ 리스기간이 리스자산 내용연수의 75% 이상인 경우
④ 리스이용자가 중요하게 변경하지 않고 사용할 수 있는 특수한 용도의 리스자산인 경우

2 리스이용자의 회계처리

(1) 운용리스이용자

운용리스이용자는 보증잔존가치를 차감한 최소리스료를 보다 체계적으로 인식할 수 있는 기준이 없다면, 리스기간에 걸쳐 균등하게 배분하여 비용으로 인식한다. 이 경우 '최소리스료'란 리스이용자가 리스제공자에게 지급해야 하는 금액을 말한다.(제49조③)

[사례 16-1] 운용리스이용자의 회계처리

㈜중소전기는 다음과 같은 조건으로 기계장치에 대해 운용리스계약을 체결하였다(유동성 대체 생략).

· 운용리스 실행일: 20×1년 1월 1일
· 리스기간 : 20×1년 1월 1일~20×3년 12월 31일
· 리스료 지급액 (리스이용자가 잔존가치를 보증하는 금액은 없다.)

일 자	금 액
20×1. 12. 31.	30,000원
20×2. 12. 31.	40,000원
20×3. 12. 31.	50,000원

① 20×1. 1. 1. 〈회계처리 없음〉

② 20×1. 12. 31.

(차) 운용리스료	40,000*	(대) 현 금	30,000
		장기미지급리스료	10,000

* (30,000 + 40,000 + 50,000) ÷ 3 = 40,000

③ 20×2. 12. 31.

(차) 운용리스료	40,000	(대) 현 금	40,000

④ 20×3. 12. 31.

(차) 운용리스료	40,000	(대) 현 금	50,000
장기미지급리스료	10,000		

(2) 금융리스이용자

금융리스이용자는 리스자산을 장기할부로 구입한 것으로 보아 최소리스료를 리스제공자의 내재이자율로 할인한 금액과 리스자산의 공정가치 중 적은 금액을 금융리스자산과 금융리스부채로 인식하고, 금융리스자산은 리스이용자가 보유한 다른 유사한 자산과 일관성 있게 감가상각한다.(제49조④)

금융리스자산과 금융리스부채 | 금융리스자산의 공정가치를 산정하기 어려운 경우, 리스이용자는 최소리스료를 리스제공자의 내재이자율로 할인한 금액을 금융리스자산과 금융리스부채로 인식할 수 있다. 금융리스부채에서 발생하는 이자비용은 유효이자율 또는 정액법을 적용하여 산정한다.

감가상각기간 | 리스이용자가 리스기간 종료 시점이나 그 전에 금융리스자산의 소유권을 갖게 될 것이 확실하다면 해당 자산의 내용연수에 걸쳐 감가상각한다. 그렇지 않은 경우에는 리스기간과 내용연수 중 짧은 기간에 걸쳐 감가상각한다. 이 경우

감가상각대상금액은 금융리스자산의 취득금액에서 추정잔존가치 또는 보증잔존가치를 차감한 금액으로 한다.

[사례 16-2] 금융리스이용자의 회계처리

㈜중소제과는 다음과 같은 조건으로 기계장치에 대해 금융리스계약을 체결하였다.

· 금융리스 실행일: 20×1년 1월 1일
· 리스기간: 20×1년 1월 1일~20×3년 12월 31일
· 리스료 지급액: 매년 말 10,000원씩 3년간 지급
· 내재이자율: 10%
· 연금현가계수(n=3, 10%): 2.4868
· 리스자산의 공정가치: 24,868원
· 리스자산의 내용연수: 4년
· 리스자산 감가상각방법: 정액법
· 리스이용자의 보증잔존가치: 없음

① 유효이자율법 적용

(단위 : 원)

	기초 부채 (A)	발생이자(10%) (B)	리스료 지급액 (C)	원금 상환액 (D=C−B)	기말 부채 (E=A−D)
20×1. 12. 31.	24,868	2,487	10,000	7,513	17,355
20×2. 12. 31.	17,355	1,736	10,000	8,264	9,091
20×3. 12. 31.	9,091	909	10,000	9,091	0

㉮ 20×1. 1. 1.

(차) 금융리스자산	24,868*	(대) 금융리스부채	24,868

* 10,000×2.4868(연금현가계수: n=3, 10%)=24,868

㉯ 20×1. 12. 31.

(차) 금융리스부채	7,513	(대) 현 금	10,000
이자비용	2,487		
(차) 감가상각비	8,289*	(대) 감가상각누계액	8,289

* 24,868÷3=8,289
min(내용연수, 리스기간)=3

㉰ 20×2. 12. 31.

(차) 금융리스부채	8,264	(대) 현　　금	10,000
이자비용	1,736		
(차) 감가상각비	8,289	(대) 감가상각누계액	8,289

㉱ 20×3. 12. 31.

(차) 금융리스부채	9,091	(대) 현　　금	10,000
이자비용	909		
(차) 감가상각비	8,290	(대) 감가상각누계액	8,290

② 정액법 적용

(단위 : 원)

	기초 부채 (A)	발생이자 (B)	리스료 지급액 (C)	원금 상환액 (D=C−B)	기말 부채 (E=A−D)
20×1. 12. 31.	24,868	1,711	10,000	8,289	16,579
20×2. 12. 31.	16,579	1,711	10,000	8,289	8,290
20×3. 12. 31.	8,290	1,710	10,000	8,290	0

㉮ 20×1. 1. 1.

(차) 금융리스자산	24,868	(대) 금융리스부채	24,868

* 10,000×2.4868(연금현가계수: n=3, 10%)=24,868

㉯ 20×1. 12. 31., 20×2. 12. 31.

(차) 금융리스부채	8,289	(대) 현　　금	10,000
이자비용	1,711 *1		
(차) 감가상각비	8,289 *2	(대) 감가상각누계액	8,289

*1) (10,000×3−24,868)÷3=1,711

*2) 24,868÷3=8,289

min(내용연수, 리스기간)=3

㉰ 20×3. 12. 31.

(차) 금융리스부채	8,290	(대) 현　　금	10,000
이자비용	1,710		
(차) 감가상각비	8,290	(대) 감가상각누계액	8,290

제 17 장 정부보조금과 공사부담금

<table>
<tr><th colspan="2">구 분</th><th>내 용</th></tr>
<tr><td colspan="2">인식 조건</td><td>· 다음 모두에 대한 확신이 있을 때 인식
① 정부보조금에 부수되는 조건을 준수할 것임
② 보조금을 수취할 것임</td></tr>
<tr><td rowspan="2">자산관련
보조금</td><td>관련 자산 취득 전</td><td>· 받은 자산(일시 운용 자산 포함)의 차감계정</td></tr>
<tr><td>관련 자산
취득 시점 및 이후</td><td>· 관련 자산의 차감계정: 관련 자산의 내용연수에 걸쳐 (감가)상각금액과 상계, 처분 시, 잔액을 처분손익에 반영
· 관련 자산의 취득금액에서 직접 차감 가능</td></tr>
<tr><td rowspan="3">수익관련
보조금</td><td>특정조건을
충족해야 하는 경우</td><td>· 부채(선수수익)</td></tr>
<tr><td>특정비용
보전 목적인 경우</td><td>· 해당 비용과 상계</td></tr>
<tr><td>대응되는 비용이
없는 경우</td><td>· 주된 영업활동과 직접 관련된 경우 영업수익
· 그 이외는 영업외수익</td></tr>
</table>

1 정부보조금의 인식 조건

정부보조금은 해당 보조금에 부수되는 조건을 준수하고, 이를 수취할 것이라는 확신이 있을 때 인식한다.(제50조①)

2 자산관련보조금

자산의 취득과 관련하여 정부보조금(비화폐성자산을 포함한다)을 받은 경우에는 다음 각 호에 따라 회계처리한다.(제50조②)

1. 관련 자산을 취득하기 전: 정부보조금의 금액을, 받은 자산(받은 자산을 일시적으로 운용하기 위해 취득한 다른 자산을 포함한다)의 차감계정으로 회계처리한다.

2. 관련 자산을 취득하는 시점 및 이후: 정부보조금의 금액을 관련 자산의 차감계정으로 회계처리하고, 관련 자산의 내용연수에 걸쳐 (감가)상각금액과 상계하며, 해당 자산을 처분할 때 그 잔액을 처분손익에 반영한다. 다만, 정부보조금의 금액을 관련 자산의 취득금액에서 직접 차감할 수 있다.

[사례 17-1] 자산관련보조금

㈜중소전자는 기계장치 취득과 관련하여 20×0년 12월 15일에 정부보조금 20,000원을 받고, 20×1년 1월 1일에 기계장치를 50,000원에 취득하여 사용하였다. 20×4년 12월 31일에 현금 20,000원을 받고 해당 기계장치를 처분하였다.

· 기계장치의 내용연수: 5년
· 기계장치의 잔존가치: 5,000원
· 기계장치의 감가상각방법: 정액법

① 정부보조금을 자산의 차감계정으로 회계처리

㉮ 정부보조금 수령 (20×0. 12. 15.)

(차) 현　　금	20,000	(대) 정부보조금 (현금의 차감계정)	20,000

㉯ 기계장치 취득 (20×1. 1. 1.)

(차) 기계장치	50,000	(대) 현　　금	50,000
(차) 정부보조금 (현금의 차감계정)	20,000	(대) 정부보조금 (유형자산의 차감계정)	20,000

㉰ 20×1. 12. 31., 20×2. 12. 31., 20×3. 12. 31., 20×4. 12. 31.

(차) 감가상각비	9,000*1	(대) 감가상각누계액	9,000
(차) 정부보조금 (유형자산의 차감계정)	4,000*2	(대) 감가상각비	4,000

*1) (50,000 − 5,000) ÷ 5 = 9,000
*2) 9,000 × (20,000 ÷ 45,000) = 4,000
20×1년 감가상각비: 9,000 − 4,000 = 5,000

☞ 20×4. 12. 31. 처분 직전 장부금액

기계장치	50,000
정부보조금	(4,000)
감가상각누계액	(36,000)
	10,000

㉣ 처분 시 (20×4. 12. 31.)

(차) 현 금	20,000	(대) 기계장치	50,000
감가상각누계액	36,000	유형자산처분이익	10,000
정부보조금 (유형자산의 차감계정)	4,000		

② 정부보조금을 자산의 취득금액에서 직접 차감

㉮ 정부보조금 수령 (20×0. 12. 15.)

(차) 현 금	20,000	(대) 정부보조금 (현금의 차감계정)	20,000

㉯ 기계장치 취득 (20×1. 1. 1.)

(차) 기계장치	50,000	(대) 현 금	50,000
(차) 정부보조금 (현금의 차감계정)	20,000	(대) 기계장치	20,000

㉰ 20×1. 12. 31., 20×2. 12. 31., 20×3. 12. 31., 20×4. 12. 31.

(차) 감가상각비	5,000*	(대) 감가상각누계액	5,000

* (50,000 − 20,000 − 5,000) ÷ 5 = 5,000

〈주석〉 회사가 20×1년에 수령한 정부보조금은 20,000원이며 이 중 기계장치의 취득에 소요된 금액은 20,000원입니다.

☞ 20×4. 12. 31. 처분 직전 장부금액

기계장치	30,000
감가상각누계액	(20,000)
	10,000

㉣ 처분 시 (20×4. 12. 31.)

(차) 현 금	20,000	(대) 기계장치	30,000
감가상각누계액	20,000	유형자산처분이익	10,000

3 수익관련보조금

수익과 관련하여 정부보조금을 받은 경우에는 다음 각 호에 따라 회계처리한다.(제50조③)

1. 정부보조금을 사용하기 위하여 특정한 조건을 충족해야 하는 경우: 조건을 충족하기 전까지는 받은 정부보조금을 부채(선수수익)로 회계처리한다.

2. 정부보조금이 특정 비용을 보전할 목적으로 지급된 경우: 해당 비용과 상계한다.

3. 정부보조금에 대응되는 비용이 없는 경우: 회사의 주된 영업활동과 직접적인 관련이 있다면 영업수익으로, 그 밖의 경우에는 영업외수익으로 회계처리한다.

수익관련보조금의 분류 | 공공성이 높은 재화나 용역을 제공(예: 버스 운행, 무연탄 채굴)하는 회사로 하여금 매출가격이 매출원가에 미달하는 재화나 용역을 계속 제공하게 하기 위하여 지급되는 정부보조금은 매출액(영업수익)으로 회계처리한다. 벤처회사 등의 신기술 개발을 지원하기 위해 지급되는 정부보조금으로 자산 구입과 관련이 없는 경우 영업외수익으로 회계처리한다. 저가로 수입할 수 있는 원재료를 국내에서 구입하도록 하여 지급되는 보조금은 제조원가에서 차감한다.

[사례 17-2] 수익 보전 정부보조금

무연탄 채굴을 주된 영업으로 하는 ㈜중소광업은 최근 판매단가보다 생산단가가 상승하여 사업을 지속하는 데 어려움을 겪고 있다. 정부는 판매가격이 생산원가에 미달하는 무연탄을 계속 공급하게 할 목적으로 20×1년부터 정부보조금을 지급하기 시작하였다. 20×1년 ㈜중소광업의 무연탄 생산 · 판매, 정부보조금 수령 내용은 다음과 같다.

· 무연탄 판매 단가	₩100/kg
· 무연탄 생산 단가	₩110/kg
· 무연탄 판매 관련 정부보조금 수령	₩15/kg
· 무연탄 판매량	1,000kg

① 무연탄 판매

(차) 매출채권	100,000	(대) 매　　출	100,000[*1]
(차) 매출원가	110,000	(대) 재고자산	110,000[*2]

*1) 100 × 1,000 = 100,000

*2) 110 × 1,000 = 110,000

② 정부보조금 수령

(차) 현　　금　15,000*　(대) 매　　출　15,000

* 15×1,000=25,000

[사례 17-3] 비용 보전 정부보조금

㈜중소전자는 제품A 생산에 필수 부품인 부품B의 국내 매입단가가 높아 일본 S사에서 이를 수입해왔다. 정부는 20×1년부터 부품산업의 활성화를 위하여 부품B를 포함한 일부 부품을 국내 생산품으로 매입하면 제품 판매분에 해당하는 보조금을 지급하기로 결정하였다. 이에 따라 ㈜중소전자는 부품B를 국내에서 조달하기로 하였다. 20×1년 부품B의 매입, 정부보조금 수령과 관련된 내용은 다음과 같다. 20×1년 국산 부품B의 매입 단가는 160원이다.

항목	금액
· 부품B 수입 단가	₩150/개
· 수령한 정부보조금	₩15/개
· 부품B 매입 수량	1,000개

① 부품 매입 시

(차) 재고자산　160,000　(대) 매입채무　160,000*

* 160×1,000=160,000

② 정부보조금 수령 시

(차) 현　　금　15,000　(대) 매출원가　15,000*

* 15×1,000=15,000

4 공사부담금

공사부담금의 회계처리는 정부보조금의 회계처리 규정을 준용한다.(제50조④)

공사부담금 | 공사부담금이란 시설자금의 일부를 실수요자인 이용자에게서 미리 보조받는 것을 말한다.

제 18 장 사업결합

<table>
<tr><th colspan="2">구 분</th><th>내 용</th></tr>
<tr><td>사업결합 시점</td><td>식별 가능한 취득자산 및 인수부채의 측정</td><td>· 원칙: 취득일의 공정가치
· 예외: 다음 중 어느 하나에 해당하는 경우 피취득자의 장부금액으로 측정 가능
√취득일의 공정가치가 피취득자의 장부금액과 중요한 차이가 없는 경우
√공정가치를 측정하기 어려운 경우</td></tr>
<tr><td rowspan="2">이전대가－취득자산·인수부채의 순액</td><td>영업권</td><td>· 이전대가 > 취득자산·인수부채의 순액
: 그 차이를 영업권(무형자산)으로 인식
· 영업권은 무형자산의 상각 회계처리(정액법), 법인세법에 따라 회계처리 가능</td></tr>
<tr><td>염가매수차익</td><td>· 이전대가 < 취득자산·인수부채의 순액
: 그 차이를 염가매수차익(당기이익)으로 인식
· 법인세법에 따라 회계처리 가능</td></tr>
</table>

1 취득일의 측정

합병, 영업양수도 등과 같은 사업결합을 하는 경우, 취득일에 별도로 식별되는 취득자산과 인수 부채는 취득일의 공정가치로 측정한다. 다만, 다음 각 호의 어느 하나에 해당하면 해당 자산이나 부채를 피취득자의 장부금액으로 측정할 수 있다.(제51조①)

1. 취득일의 공정가치가 피취득자의 장부금액과 중요한 차이가 없는 경우

2. 공정가치를 측정하기 어려운 경우

피취득자의 장부금액 | 사업결합을 하면서 공정가치를 측정하기 어렵다고 보아 피취득자의 장부금액으로 자산이나 부채를 측정하는 것은 해당 장부금액이 회계기준

에 따라 적정하게 산정된 경우를 전제로 한다. 예를 들어, 피취득자가 유형자산에 감가상각을 하지 않은 경우라면 오류에 해당하기 때문에 감가상각된 금액을 기준으로 수정해야 할 것이다.

2 영업권과 염가매수차익의 회계처리

(1) 영업권

이전대가가 취득일에 별도로 식별되는 취득 자산과 인수 부채의 순액보다 큰 경우 그 차이를 무형자산의 영업권으로 인식한다.(제51조②) 사업결합에서 발생한 영업권의 후속측정은 무형자산의 상각 회계처리를 한다.

(2) 염가매수차익

이전대가가 취득일에 별도로 식별되는 취득 자산과 인수 부채의 순액보다 작은 경우 그 차이를 염가매수차익으로 하여 당기에 이익으로 인식한다. 다만, 법인세법 제44조의2에 따라 회계처리할 수 있다.(제51조③)

〈영업권과 염가매수차익의 산정〉

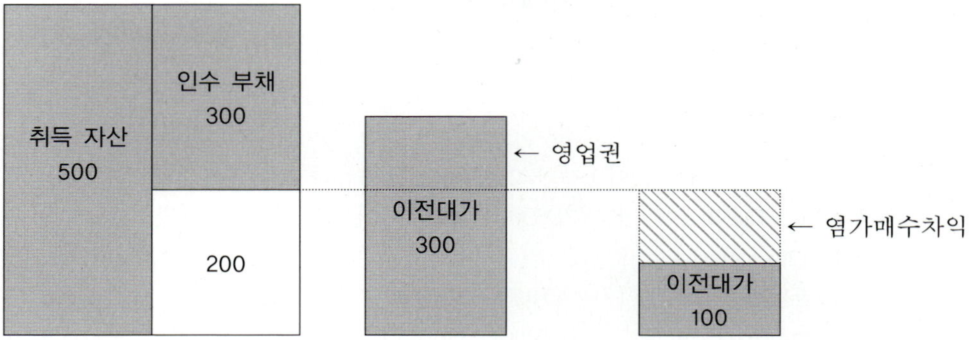

[사례 18-1] 취득일의 측정과 영업권 · 염가매수차익의 회계처리

㈜중소전자는 20×1년 1월 1일에 ㈜D전자를 흡수합병하는 계약을 체결하였다. 합병일 현재 ㈜D전자의 대차대조표는 다음과 같다.

항 목	장부금액 (원)	항 목	장부금액 (원)
현금및현금성자산	40,000	매입채무	230,000
매출채권	110,000	자본금	100,000
재고자산	150,000	자본잉여금	20,000
유형자산	180,000	이익잉여금	130,000
자산 총계	480,000	부채와 자본 총계	480,000

· 매출채권의 공정가치는 100,000원이다.
· 유형자산의 공정가치는 185,000원이나 ㈜D전자의 장부금액과 중요한 차이가 없다고 판단하여 ㈜D전자의 장부금액을 사용하기로 하였다.
· 재고자산의 공정가치는 측정하기 어려운 것으로 판단하였다.
· 그 밖의 자산 및 부채의 합병일 현재 장부금액과 공정가치는 같다.

① ㈜D전자 기존 주주에게 이전대가 300,000원을 지급하는 경우

㉮ 합병일 (20×1. 1. 1.)

(차) 현금및현금성자산	40,000	(대) 매입채무	230,000
매출채권	100,000	현금및현금성자산	300,000
재고자산	150,000		
유형자산	180,000		
영업권(자산)	60,000		

㉯ 20×1. 12. 31. 영업권의 내용연수는 법인세법에 따라 결정하기로 하였다.

(차) 무형자산상각비	12,000*	(대) 영 업 권	12,000

* 60,000÷5년＝12,000

② ㈜D전자의 기존 주주에게 이전대가 200,000원을 지급하고 이전대가와 취득자산 · 인수부채의 순액과의 차이를 염가매수차익(당기이익)으로 인식하는 경우

㉮ 합병일 (20×1. 1. 1.)

(차) 현금및현금성자산	40,000	(대) 매입채무	230,000
매출채권	100,000	현금및현금성자산	200,000
재고자산	150,000	염가매수차익	40,000
유형자산	180,000		

㈏ 20×1. 12. 31. 〈회계처리 없음〉

③ ㈜D전자의 기존 주주에게 이전대가 200,000원을 지급하고 이전대가와 취득자산·인수부채의 순액과의 차이를 법인세법에 따라 회계처리하는 경우

㈎ 합병일 (20×1. 1. 1.)

(차) 현금및현금성자산	40,000	(대) 매입채무	230,000
매출채권	100,000	현금및현금성자산	200,000
재고자산	150,000	부의영업권	40,000
유형자산	180,000		

㈏ 20×1. 12. 31.

(차) 부의영업권	8,000	(대) 부의영업권환입	8,000*

* 40,000 ÷ 5년 = 8,000

[참고] 합병 관련 법인세법 규정

• **법44조(합병 시 피합병법인에 대한 과세)**

① 피합병법인이 합병으로 해산하는 경우에는 그 법인의 자산을 합병법인에 양도한 것으로 본다. 이 경우 그 양도에 따라 발생하는 양도손익(제1호의 가액에서 제2호의 가액을 뺀 금액을 말한다. 이하 이 조 및 제44조의3에서 같다)은 피합병법인이 합병등기일이 속하는 사업연도의 소득금액을 계산할 때 익금 또는 손금에 산입한다.

1. 피합병법인이 합병법인으로부터 받은 양도가액
2. 피합병법인의 합병등기일 현재의 자산의 장부가액 총액에서 부채의 장부가액 총액을 뺀 가액(이하 이 관에서 "순자산 장부가액"이라 한다)

② 제1항을 적용할 때 다음 각 호의 요건을 모두 갖춘 합병의 경우에는 제1항제1호의 가액을 피합병법인의 합병등기일 현재의 순자산 장부가액으로 보아 양도손익이 없는 것으로 할 수 있다. 다만, 대통령령으로 정하는 부득이한 사유가 있는 경우에는 제2호 또는 제3호의 요건을 갖추지 못한 경우에도 대통령령으로 정하는 바에 따라 양도손익이 없는 것으로 할 수 있다. 〈개정 2011.12.31〉

1. 합병등기일 현재 1년 이상 사업을 계속하던 내국법인 간의 합병일 것. 다만, 다른 법인과 합병하는 것을 유일한 목적으로 하는 법인으로서 대통령령으로 정하는 법인의 경우는 제외한다.
2. 피합병법인의 주주등이 합병으로 인하여 받은 합병대가의 총합계액 중 합병법인의 주식등의 가액이 100분의 80 이상이거나 합병법인의 모회사의 주식등의 가액이 100

분의 80 이상인 경우로서 그 주식등이 대통령령으로 정하는 바에 따라 배정되고, 대통령령으로 정하는 피합병법인의 주주등이 합병등기일이 속하는 사업연도의 종료일까지 그 주식등을 보유할 것

3. 합병법인이 합병등기일이 속하는 사업연도의 종료일까지 피합병법인으로부터 승계받은 사업을 계속할 것

③ 내국법인이 발행주식총수 또는 출자총액을 소유하고 있는 다른 법인을 합병하거나 그 다른 법인에 합병되는 경우에는 제2항에도 불구하고 양도손익이 없는 것으로 할 수 있다. 〈개정 2011.12.31〉

④ 제1항부터 제3항까지의 규정에 따른 양도가액 및 순자산 장부가액의 계산, 합병대가의 총합계액의 계산, 승계받은 사업의 계속 여부에 관한 판정기준 등에 관하여 필요한 사항은 대통령령으로 정한다.[전문개정 2010.12.30]

• 법44조의2(비적격 합병 시 합병법인에 대한 과세)

① 합병법인이 합병으로 피합병법인의 자산을 승계한 경우에는 그 자산을 피합병법인으로부터 합병등기일 현재의 시가(제52조제2항에 따른 시가를 말한다. 이하 이 관에서 같다)로 양도받은 것으로 본다. 이 경우 피합병법인의 각 사업연도의 소득금액 및 과세표준을 계산할 때 익금 또는 손금에 산입하거나 산입하지 아니한 금액, 그 밖의 자산·부채 등은 대통령령으로 정하는 것만 합병법인이 승계할 수 있다.

② 합병법인은 제1항에 따라 피합병법인의 자산을 시가로 양도받은 것으로 보는 경우로서 피합병법인에 지급한 양도가액이 피합병법인의 합병등기일 현재의 자산총액에서 부채총액을 뺀 금액(이하 이 관에서 "순자산시가"라 한다)보다 적은 경우에는 그 차액을 제60조제2항제2호에 따른 세무조정계산서에 계상하고 합병등기일부터 5년간 균등하게 나누어 익금에 산입한다.

③ 합병법인은 제1항에 따라 피합병법인의 자산을 시가로 양도받은 것으로 보는 경우에 피합병법인에 지급한 양도가액이 합병등기일 현재의 순자산시가를 초과하는 경우로서 대통령령으로 정하는 경우에는 그 차액을 제60조제2항제2호에 따른 세무조정계산서에 계상하고 합병등기일부터 5년간 균등하게 나누어 손금에 산입한다.

④ 제1항부터 제3항까지의 규정에 따른 익금산입액 및 손금산입액의 계산과 그 산입방법 등에 관하여 필요한 사항은 대통령령으로 정한다.[전문개정 2010.12.30]

• 법44조의3(적격 합병 시 합병법인에 대한 과세특례)

① 제44조제2항 또는 제3항에 따라 양도손익이 없는 것으로 한 경우 합병법인은 제44조의2에도 불구하고 피합병법인의 자산을 장부가액으로 양도받은 것으로 한다. 이 경우 장부가액과 제44조의2제1항에 따른 시가와의 차액을 대통령령으로 정하는 바에 따라 자

산별로 계상하여야 한다.

② 합병법인은 제1항에 따라 피합병법인의 자산을 장부가액으로 양도받은 경우 피합병법인의 합병등기일 현재의 제13조제1호의 결손금과 피합병법인이 각 사업연도의 소득금액 및 과세표준을 계산할 때 익금 또는 손금에 산입하거나 산입하지 아니한 금액, 그 밖의 자산・부채 및 제59조에 따른 감면・세액공제 등을 대통령령으로 정하는 바에 따라 승계한다.

③ 제1항에 따라 피합병법인의 자산을 장부가액으로 양도받은 합병법인은 3년 이내의 범위에서 대통령령으로 정하는 기간에 다음 각 호의 어느 하나에 해당하는 사유가 발생하는 경우에는 그 사유가 발생한 날이 속하는 사업연도의 소득금액을 계산할 때 양도받은 자산의 장부가액과 제44조의2제1항에 따른 시가와의 차액(시가가 장부가액보다 큰 경우만 해당한다. 이하 제4항에서 같다), 승계받은 결손금 중 공제한 금액 등을 대통령령으로 정하는 바에 따라 익금에 산입하고, 제2항에 따라 피합병법인으로부터 승계받아 공제한 감면・세액공제액 등을 대통령령으로 정하는 바에 따라 해당 사업연도의 법인세에 더하여 납부한 후 해당 사업연도부터 감면 또는 세액공제를 적용하지 아니한다. 다만, 대통령령으로 정하는 부득이한 사유가 있는 경우에는 그러하지 아니하다.

1. 합병법인이 피합병법인으로부터 승계받은 사업을 폐지하는 경우
2. 대통령령으로 정하는 피합병법인의 주주등이 합병법인으로부터 받은 주식등을 처분하는 경우

④ 합병법인은 제3항에 따라 양도받은 자산의 장부가액과 제44조의2제1항에 따른 시가와의 차액 등을 익금에 산입한 경우에는 합병법인이 피합병법인에 지급한 양도가액과 피합병법인의 합병등기일 현재의 순자산시가와의 차액을 제3항 각 호의 사유가 발생한 날부터 합병등기일 이후 5년이 되는 날까지 대통령령으로 정하는 바에 따라 익금 또는 손금에 산입한다.

⑤ 제44조제3항에 따라 양도손익이 없는 것으로 한 경우 제44조제2항 각 호의 요건을 갖추지 아니하더라도 합병법인은 피합병법인의 자산을 장부가액으로 양도받은 것으로 하여 제1항과 제2항을 적용한다. 이 경우 제3항과 제4항은 적용하지 아니한다.

⑥ 제1항을 적용받는 합병법인은 대통령령으로 정하는 바에 따라 합병으로 양도받은 자산에 관한 명세서를 납세지관할 세무서장에게 제출하여야 한다.

⑦ 제1항부터 제5항까지의 규정에 따른 승계받은 사업의 폐지에 관한 판정기준, 익금산입액 및 손금산입액의 계산과 그 산입방법 등에 관하여 필요한 사항은 대통령령으로 정한다.[전문개정 2010.12.30]

「중소기업회계기준」 고시

〔시행 2014. 1. 1.〕 〔법무부고시 제2013-0029호, 2013. 2. 1. 제정〕
법무부 법무실 상사법무과

「상법」 제446조의2 및 같은 법 시행령 제15조 제3호에 따라 법무부 장관이 금융위원회 및 중소기업청장과 협의하여 고시하는 회계기준은 다음과 같다.

〈목 차〉

제1장 총칙

제2장 대차대조표

제 3 장 손익계산서

제 4 장 자산 · 부채의 평가

제 5 장 회계정책 · 회계추정의 변경과 오류수정

제43조 회계정책 및 회계추정의 변경

제44조 오류수정

제 6 장 자본거래

제45조 주식의 발행

제46조 자기주식의 취득과 처분

제47조 주식의 소각

제48조 배당

제 7 장 특수 거래

제49조 리스거래

제50조 정부보조금과 공사부담금

제51조 사업결합

제 8 장 자본변동표

제52조 자본변동표

제 9 장 이익잉여금처분계산서 및 결손금처리계산서

제53조 이익잉여금처분계산서

제54조 결손금처리계산서

제10장 주석

제55조 주석의 정의

제56조 주석 기재 사항

부칙

제 1 조 시행일

제 2 조 최초 적용에 관한 경과조치

「중소기업회계기준」

제1장 총칙

제1조(목적) 중소기업회계기준(이하 '이 기준'이라 한다)은 상법 시행령 제15조제3호에 따른 주식회사의 회계처리와 재무보고에 관한 기준을 정함을 목적으로 한다.

제2조(적용) 이 기준은 상법 시행령 제15조제3호에 따른 주식회사(이하 '회사'라 한다)의 회계처리에 적용한다. 다만, 회사가 주식회사의 외부감사에 관한 법률 제13조에 따른 회계기준(한국채택국제회계기준 또는 일반기업회계기준을 말한다)을 적용하는 경우에는 그러하지 아니하다.

제3조(회계정책의 선택) 거래, 그 밖의 사건 또는 상황에 적용되는 회계정책은 이 기준을 적용하여 결정한다. 다만, 구체적으로 적용할 수 있는 기준이 없는 경우 일반기업회계기준을 참조하여 회계처리한다.

제4조(재무제표)

① 이 기준에서 재무제표는 다음 각 호의 서류로 구성된다. 다만, 제3호와 제4호의 경우 하나를 선택하여 작성한다.

1. 대차대조표
2. 손익계산서
3. 자본변동표
4. 이익잉여금처분계산서 또는 결손금처리계산서

② 재무제표는 직전 회계연도 분과 해당 회계연도 분을 비교하는 형식으로 작성한다. 다만, 해당 회계연도 분만 작성할 수 있다.

③ 재무제표가 이 기준에 따라 작성된 경우에는 각 재무제표 아래에 중소기업회계기준에 따라 작성되었다는 사실을 기재한다.

제5조(항목의 통합 및 구분 표시)

① 성격이나 금액이 중요하지 아니한 항목은 성격이 비슷한 항목에 통합하여 표시할 수 있다.

② 성격과 금액이 중요한 항목은 그 내용을 잘 나타낼 수 있는 적절한 항목으로 구분하여 표시한다.

제 2 장 대차대조표

제6조(대차대조표 작성기준)

① 대차대조표는 회계연도 말 현재 회사의 자산, 부채와 자본에 대한 정보를 제공하는 재무보고서이다.

② 대차대조표에는 회계연도 말 현재의 모든 자산, 부채 및 자본을 적정하게 표시한다. [별지 제1호 서식 참조]

③ 대차대조표 구성요소의 정의는 다음 각 호와 같다.

1. '자산'이란 과거의 거래나 사건의 결과로 현재 회사가 통제하고 미래에 경제적 효익을 창출할 것으로 예상되는 자원을 말한다.
2. '부채'란 과거의 거래나 사건의 결과로 현재 회사가 부담하고 있고 미래에 자원이 유출되거나 사용될 것으로 예상되는 의무를 말한다.
3. '자본'이란 회사의 자산 총액에서 부채 총액을 차감한 잔여 금액으로 회사의 자산에 대한 주주의 잔여청구권을 말한다.

④ 자산과 부채는 각각 다음 각 호의 조건을 충족하는 경우에 대차대조표에 인식한다.

1. 자산: 해당 항목에서 발생하는 미래경제적 효익이 회사에 유입될 가능성이 매우 높고, 그 원가를 신뢰성 있게 측정할 수 있다.
2. 부채: 해당 의무를 이행하기 위하여 경제적 자원이 유출될 가능성이 매우 높고, 의무의 이행에 소요되는 금액을 신뢰성 있게 측정할 수 있다.

⑤ 자산, 부채 및 자본은 다음 각 호에 따라 구분한다.

1. 자산은 회계연도 말부터 1년 이내에 현금화되거나 실현될 것으로 예상되면 유동자산으로, 그 밖의 경우는 비유동자산으로 구분하고, 유동자산과 비유동자산은 다음 각 목과 같이 구분한다.
   가. 유동자산: 당좌자산, 재고자산

나. 비유동자산: 투자자산, 유형자산, 무형자산, 기타비유동자산

2. 부채는 회계연도 말부터 1년 이내에 상환 등을 통하여 소멸할 것으로 예상되면 유동부채로, 그 밖의 경우는 비유동부채로 구분한다.

3. 자본은 자본금, 자본잉여금, 자본조정과 이익잉여금 또는 결손금으로 구분한다.

⑥ 자산과 부채는 유동성이 높은 항목부터 배열한다.

⑦ 자산과 부채는 상계하여 표시하지 않는다. 다만, 회사가 채권과 채무를 상계할 수 있는 법적 권리를 가지고 있고, 채권과 채무를 차액으로 결제하거나 동시에 결제할 의도가 있다면 상계하여 표시한다.

⑧ 가지급금이나 가수금 등은 그 내용을 나타내는 적절한 항목으로 표시한다.

제7조(당좌자산)

① '당좌자산'이란 재고자산에 속하지 않는 유동자산을 말한다.

② 당좌자산에는 현금및현금성자산, 단기투자자산, 매출채권, 선급비용, 미수수익, 미수금과 선급금 등이 포함된다.

③ 매출채권, 대여금, 미수금, 미수수익 등에 대한 대손충당금은 해당 자산의 차감계정으로 대차대조표에 표시한다.

제8조(매출채권 등의 양도) 매출채권, 대여금 등을 양도하는 경우, 그 자산을 대차대조표에서 제거하고 장부금액과 수취한 대가의 차액은 매출채권처분손익 등 당기손익으로 인식한다.

제9조(재고자산)

① '재고자산'이란 일상적인 사업과정에서 판매하기 위하여 보유하거나 생산과정에 있는 자산과 생산 또는 용역 제공 과정에 투입될 자산을 말한다.

② 재고자산에는 상품, 제품, 반제품, 재공품, 원재료와 저장품 등이 포함된다.

③ 재고자산평가충당금은 재고자산 각 항목의 차감계정으로 대차대조표에 표시한다.

제10조(투자자산)

① '투자자산'이란 장기적인 투자 수익 등과 같이 주된 영업활동이 아닌 부수적인 활동의 결과로 보유하는 자산을 말한다.

② 투자자산에는 투자부동산, 장기투자증권과 장기대여금 등이 포함된다.

제11조(유형자산)

① '유형자산'이란 재화를 생산하거나 용역을 제공하기 위하여, 또는 타인에게 임대하거나 직접 사용하기 위하여 보유한 물리적 형체가 있는 자산으로 1년을 초과하여 사용할 것으로 예상되는 자산을 말한다.

② 유형자산에는 토지, 건물, 구축물, 기계장치, 차량운반구와 건설중인자산 등이 포함된다.

③ 유형자산의 감가상각누계액과 손상차손누계액은 유형자산 각 항목의 차감계정으로 대차대조표에 표시한다.

④ 유형자산을 폐기하거나 처분하는 경우 그 자산을 대차대조표에서 제거하고 처분금액과 장부금액의 차액을 유형자산처분손익으로 인식한다.

제12조(무형자산)

① '무형자산'이란 재화를 생산하거나 용역을 제공하기 위하여, 또는 타인에게 임대하거나 직접 사용하기 위하여 보유한, 물리적 형체가 없는 비화폐성자산을 말한다.

② 무형자산에는 지식재산권, 개발비, 컴퓨터소프트웨어, 광업권, 임차권리금과 영업권 등이 포함된다.

③ 무형자산은 상각누계액과 손상차손누계액을 취득원가에서 직접 차감한 잔액으로 대차대조표에 표시한다.

④ 무형자산을 처분하는 경우 그 자산을 대차대조표에서 제거하고 처분금액과 장부금액의 차액을 무형자산처분손익으로 인식한다.

제13조(기타비유동자산)

① '기타비유동자산'이란 투자자산, 유형자산 및 무형자산에 속하지 않는 비유동자산을 말한다.

② 기타비유동자산에는 임차보증금, 장기매출채권, 장기선급비용과 장기미수금 등이 포함된다.

제14조(유동부채)

① '유동부채'란 회계연도 말부터 1년 이내에 상환 등을 통하여 소멸할 것으로 예상되는 부채를 말한다.

② 유동부채에는 단기차입금, 매입채무, 미지급법인세, 미지급비용, 미지급금, 선수

금, 선수수익, 예수금과 유동성장기부채 등이 포함된다.

제15조(비유동부채)
① '비유동부채'란 유동부채를 제외한 모든 부채를 말한다.
② 비유동부채에는 장기매입채무, 사채, 장기차입금과 퇴직급여충당부채 등이 포함된다.

제16조(매입채무 등의 제거) 매입채무, 차입금, 사채 등이 소멸하거나 제3자에게 이전되는 경우, 그 부채를 대차대조표에서 제거하고 장부금액과 지급한 대가(양도한 비현금자산이나 부담한 부채를 포함한다)의 차액은 당기손익으로 인식한다.

제17조(종업원급여)
① 종업원이 근무용역을 제공한 때 이에 대한 대가의 금액을 신뢰성 있게 측정할 수 있다면 급여로 인식하고, 이미 지급한 금액을 차감한 후 추가로 지급해야 하는 금액을 미지급비용으로 인식한다.
② 퇴직금제도의 경우 회계연도 말 현재 모든 종업원이 일시에 퇴직한다면 지급해야 할 퇴직일시금에 상당하는 금액을 퇴직급여충당부채로 인식한다.
③ 확정급여형퇴직연금제도의 경우 다음 각 호에 따라 회계처리한다.

1. 회계연도 말 현재 모든 종업원이 일시에 퇴직한다면 지급해야 할 퇴직일시금에 상당하는 금액을 퇴직급여충당부채로 인식한다.
2. 확정급여형퇴직연금제도에서 운용되는 자산은 하나로 통합하여 퇴직연금운용자산으로 표시한다.
3. 퇴직연금운용자산은 퇴직급여충당부채의 차감계정으로 표시한다. 다만, 퇴직연금운용자산이 퇴직급여충당부채보다 큰 경우에는 그 초과액을 투자자산의 퇴직연금운용자산으로 표시한다.

④ 확정기여형퇴직연금제도의 경우 해당 회계연도에 대해 회사에서 납부해야 하는 부담금(기여금)을 퇴직급여로 인식하고, 회계연도 말 현재 아직 납부하지 않은 기여금은 미지급비용으로 인식한다.

제18조(그 밖의 충당부채)
① 타인의 채무 등에 관한 보증, 계류 중인 소송사건, 하자보수 약정 등은 지출의 시

기 또는 금액이 확실하지 않더라도 제6조제3항제2호 부채의 정의와 같은 조 제4항 제2호 부채의 인식조건을 모두 충족한다면 충당부채를 인식한다.

② 충당부채로 인식하는 금액은 현재의무의 이행에 소요되는 지출에 대해 회계연도 말 현재 관련된 사건과 상황에 대한 불확실성을 고려한 최선의 추정치이다.

③ 상황이 달라져서 더 이상 제1항의 충당부채의 인식 조건을 충족하지 아니하게 되면, 관련 충당부채는 환입하여 당기에 이익으로 인식한다.

제19조(자본금) '자본금'이란 상법 제451조에 따른 자본금을 말한다.

제20조(자본잉여금)

① '자본잉여금'이란 주주와의 자본거래에서 발생하여 자본을 증가시키는 잉여금을 말한다.

② 자본잉여금에는 주식발행초과금, 자기주식처분이익과 감자차익 등이 포함된다.

제21조(자본조정)

① '자본조정'이란 자본거래에 해당하지만 자본금 또는 자본잉여금으로 분류할 수 없는 항목과 당기에 손익으로 인식되지 않은 평가차손익의 누계액을 말한다.

② 자본조정에는 자기주식, 주식할인발행차금, 감자차손, 자기주식처분손실, 해외사업환산손익 등이 포함된다.

제22조(이익잉여금 또는 결손금) 이익잉여금(또는 결손금)이란 손익계산서에 보고된 손익에 다른 자본항목에서 이입된 금액을 가산한 금액에서 주주에 대한 배당, 자본금 전입과 자본조정 항목의 상각 등으로 처분된 금액을 차감한 잔액을 말한다.

제 3 장 손익계산서

제23조(손익계산서 작성기준)

① 손익계산서는 한 회계연도의 회사의 경영성과에 대한 정보를 제공하는 재무보고서이다.

② 손익계산서에는 그 회계연도에 속하는 모든 수익과 이에 대응하는 모든 비용을 적정하게 표시한다.

③ 손익계산서는 다음 각 호에 따라 작성한다. [별지 제2호 서식 참조]

1. 모든 수익과 비용은 그것이 발생한 회계연도에 배분되도록 회계처리한다. 이 경우 발생한 원가가 자산으로 인식되는 경우를 제외하고는 비용으로 인식한다.
2. 수익과 비용은 그 발생 원천에 따라 명확하게 분류하고, 수익항목과 이에 관련되는 비용항목은 대응하여 표시한다.
3. 수익과 비용은 총액으로 표시하는 것을 원칙으로 한다. 다만, 이 기준에서 수익과 비용을 상계하도록 요구하는 경우에는 상계하여 표시하고, 허용하는 경우에는 수익과 비용을 상계하여 표시할 수 있다.
4. 손익계산서는 다음 각 목과 같이 구분하여 표시한다. 다만, 제조업, 판매업 및 건설업 외의 회사는 매출총이익(또는 손실)을 구분하여 표시하지 아니할 수 있다.
   가. 매출액
   나. 매출원가
   다. 매출총이익(또는 손실)
   라. 판매비와관리비
   마. 영업이익(또는 손실)
   바. 영업외수익
   사. 영업외비용
   아. 법인세비용차감전순이익(또는 손실)
   자. 법인세비용
   차. 당기순이익(또는 손실)

제24조(수익의 인식 시점)

① 재화를 판매하거나 용역을 제공하고 이에 대한 대가를 받을 권리를 갖게 되었을 때 수익을 인식한다. 다만, 회수기간이 1년 이상인 할부매출은 할부금회수기일에 수익을 인식할 수 있다.

② 용역 제공과 건설형 공사계약의 경우, 진행률과 이미 발생한 원가와 거래를 완료하기 위하여 투입해야 할 원가를 신뢰성 있게 측정할 수 있다면 대가를 받을 권리를 갖게 된 것으로 보아 진행률에 따라 용역이 제공되거나 공사 또는 제작이 진행되는 회계연도에 걸쳐 수익을 인식한다. 다만, 1년 내에 완료·완성되는 용역 및 건설형 공사계약은 각각 용역 제공을 완료한 날과 공사 또는 제작을 완성한 날에 수익을 인식할 수 있다.

③ 이자수익과 배당금수익은 다음 각 호에 따라 인식한다. 다만, 각 회계연도의 손익에 미치는 영향이 중요하지 않다면 실제로 현금을 받은 시점에 수익을 인식할 수 있다.

1. 이자수익: 유효이자율법이나 정액법을 적용하여 기간의 경과에 따라 인식한다.
2. 배당금수익: 배당금을 받을 권리와 금액이 확정되는 시점에 인식한다.

第25조(수익의 측정) 수익은 재화를 판매하거나, 용역을 제공하거나, 자산을 사용하게 하여 받았거나 받을 대가로 측정하고, 매출에누리, 매출할인과 매출환입은 수익에서 차감한다.

第26조(매출액) '매출액'이란 회사의 주된 영업활동에서 발생한 제품, 상품 또는 용역 등의 총매출액에서 매출에누리, 매출할인과 매출환입을 차감한 금액을 말한다. 이 경우 일정 기간의 거래수량 또는 거래금액에 따라 매출액을 실질적으로 감소시키는 것은 매출에누리에 포함한다.

第27조(매출원가)

① '매출원가'란 제품, 상품 또는 용역 등의 매출액에 직접 대응되는 원가를 말한다.

② 재고자산의 순실현가능가치(일상적인 사업과정의 추정판매가격에서 판매할 때까지 발생하는 추정원가를 차감한 금액을 말한다. 이하 같다)가 장부금액보다 하락하여 발생한 평가손실은 매출원가에 가산한다.

③ 재고자산의 평가손실환입은 최초 장부금액을 초과하지 않는 범위로 한정하고, 매출원가에서 차감한다.

④ 재고자산의 장부 수량과 실제 수량의 차이에서 발생하는 재고자산감모손실 가운데 정상적으로 발생한 부분은 매출원가에 가산한다.

第28조(매출총이익) 매출총이익(또는 손실)은 매출액에서 매출원가를 차감하여 산출한다.

第29조(판매비와관리비)

① '판매비와관리비'란 제품, 상품 또는 용역 등의 판매활동과 회사의 관리활동에서 발생하는 비용을 말하며, 매출원가에 속하지 아니하는 모든 영업비용이 포함된다.

② 판매비와관리비에는 급여, 퇴직급여, 복리후생비, 임차료, 접대비, 감가상각비, 무형자산상각비, 세금과공과, 광고선전비, 연구비, 경상개발비와 대손상각비 등이 포함된다.
③ 영업활동과 관련된 비용이 감소하여 발생하는 퇴직급여충당부채환입과 대손충당금환입 등은 판매비와관리비의 부(-)의 금액으로 표시한다.
④ 연구단계와 개발단계에서 발생한 지출은 발생한 회계연도에 판매비와관리비로 인식한다. 다만, 개발단계에서 발생한 지출이 제6조제3항제1호 자산의 정의와, 같은 조 제4항제1호 자산의 인식 조건을 모두 충족한다면 무형자산의 개발비로 인식한다.

제30조(영업이익) 영업이익(또는 손실)은 매출총이익(또는 손실)에서 판매비와관리비를 차감하여 산출한다.

제31조(영업외수익)
① '영업외수익'이란 회사의 주된 영업활동이 아닌 활동에서 발생한 수익과 차익을 말한다.
② 영업외수익에는 이자수익, 배당금수익(주식배당액은 제외한다), 임대료, 단기투자자산처분이익, 단기투자자산평가이익, 외환차익, 외화환산이익, 장기투자증권손상차손환입, 유형자산처분이익, 사채상환이익과 전기오류수정이익 등이 포함된다.

제32조(영업외비용)
① '영업외비용'이란 회사의 주된 영업활동이 아닌 활동에서 발생한 비용과 차손을 말한다.
② 영업외비용에는 이자비용, 기타대손상각비, 단기투자자산처분손실, 단기투자자산평가손실, 재고자산감모손실(비정상적으로 발생한 부분에 한정한다), 외환차손, 외화환산손실, 기부금, 장기투자증권손상차손, 유형자산처분손실, 사채상환손실과 전기오류수정손실 등이 포함된다.

제33조(법인세비용차감전순이익) 법인세비용차감전순이익(또는 손실)은 영업이익(또는 손실)에 영업외수익을 가산하고 영업외비용을 차감하여 산출한다.

제34조(법인세비용) '법인세비용'이란 법인세법에 따라 납부하여야 할 금액인 법인

세와 이에 부가되는 세액을 말하며, 과거 회계연도와 관련된 법인세 추납액 또는 환급액도 포함한다.

第35条(당기순이익) 당기순이익(또는 손실)은 법인세비용차감전순이익(또는 손실)에서 법인세비용을 차감하여 산출한다.

제 4 장 자산 · 부채의 평가

第36条(자산의 평가기준)

① 자산은 최초에 취득원가로 인식한다.

② 교환, 현물출자, 증여, 그 밖에 무상으로 취득한 자산은 공정가치(합리적인 판단력과 거래 의사가 있는 독립된 당사자 사이의 거래에서 자산이 교환되거나 부채가 결제될 수 있는 금액을 말한다. 이하 같다)를 취득원가로 한다. 다만, 같은 종류의 자산(토지와 건물을 제외한다)을 교환하였을 때에는 제공한 자산의 장부금액을 취득원가로 한다.

③ 이 기준에서 별도로 정하는 경우를 제외하고는, 자산의 진부화, 물리적인 손상 또는 시장가치의 급격한 하락 등으로 자산의 순공정가치(공정가치에서 처분부대원가를 차감한 금액을 말한다. 이하 같다)가 장부금액보다 중요하게 낮으면 장부금액을 순공정가치로 조정하고, 그 차액을 손상차손으로 인식한다.

④ 과거 회계연도에 인식한 손상차손이 더 이상 존재하지 않거나 감소하였다면 자산의 순공정가치가 장부금액을 초과하는 금액은 손상차손환입으로 인식한다. 다만, 손상차손환입으로 증가된 장부금액은 과거에 손상차손을 인식하기 전 장부금액의 감가상각 또는 상각 후 잔액을 초과할 수 없다.

第37条(재고자산의 평가)

① 재고자산의 취득원가는 매입원가 또는 제조원가를 말한다.

② 재고자산의 취득 과정에서 정상적으로 발생한 부대원가는 취득원가에 포함하고, 매입에누리, 매입할인과 매입환출은 취득원가에서 차감한다. 이 경우 일정 기간의 거래 수량 또는 금액에 따라 매입액을 실질적으로 감소시키는 것은 매입에누리에 포함한다.

③ 취득이 시작된 날부터 의도한 용도로 사용 · 판매할 수 있는 상태가 될 때까지 1

년 이상이 걸리는 재고자산의 취득 자금에 포함된 차입금의 이자비용 등은 법인세법 제28조를 준용하여 해당 자산의 취득원가에 포함할 수 있다.
④ 재고자산이 파손, 부패 등과 같이 물리적으로 손상되거나, 장기간 판매되지 아니하거나, 진부화되어 판매가치가 하락하는 등으로 순실현가능가치가 취득원가보다 중요하게 낮아지면 순실현가능가치를 장부금액으로 한다.
⑤ 재고자산의 단위원가는 개별법, 선입선출법, 평균법, 후입선출법 또는 매출가격환원법(소매재고법)을 사용하여 결정한다.

제38조(유형자산과 무형자산의 평가)
① 유형자산과 무형자산의 취득원가는 구입가격 또는 제작원가와 의도하는 방식으로 자산을 가동하는 데 필요한 장소와 상태에 이르게 하는 데 직접 관련되는 원가를 포함하며, 매입에누리, 매입할인과 매입환출을 차감한 금액을 말한다.
② 유형자산과 무형자산의 취득 자금에 포함된 차입금의 이자비용 등은 법인세법 제28조에 따라 해당 자산의 취득원가에 포함할 수 있다.
③ 유형자산과 무형자산의 생산능력을 향상시키거나 내용연수를 연장시키는 등 자산의 가치를 실질적으로 높이는 지출(이하 '자본적 지출'이라 한다)은 해당 자산의 장부금액에 가산하고, 원상을 회복시키거나 능률을 유지하기 위한 지출은 발생한 회계연도의 비용으로 인식한다.
④ 최초 인식 후에 유형자산과 무형자산의 장부금액은 다음 각 호에 따라 결정한다.
1. 유형자산: 취득원가(자본적 지출을 포함한다. 이하 이 조에서 같다)에서 감가상각누계액과 손상차손누계액을 차감한 금액
2. 무형자산: 취득원가에서 상각누계액과 손상차손누계액을 차감한 금액

⑤ 취득원가에서 잔존가치를 차감하여 결정되는 유형자산의 감가상각대상금액과 무형자산의 상각대상금액은 해당 자산을 사용할 수 있는 때부터 내용연수에 걸쳐 배분한다.
⑥ 잔존가치는 다음 각 호에 따라 결정한다. 다만, 잔존가치는 법인세법 제23조에 따라 결정할 수 있다.
1. 유형자산: 내용연수가 끝나는 시점의 예상처분대가에서 예상처분원가를 차감한 금액으로 추정한다.
2. 무형자산: 잔존가치는 없는 것으로 한다. 다만, 경제적 내용연수보다 짧은 상각기간을 정한 경우, 상각기간이 끝나는 시점에 잔존가치가 존재할 가능성이 매우 높

다면 제1호를 준용할 수 있다.

⑦ 유형자산과 무형자산의 내용연수는 자산의 예상 사용기간이나 생산량 등을 고려하여 합리적으로 결정한다. 이 경우 무형자산의 상각기간은 독점적·배타적인 권리를 주는 관계 법령이나 계약에서 정해진 경우를 제외하고는 20년을 초과할 수 없다. 다만, 내용연수는 법인세법 제23조에 따라 결정할 수 있다.

⑧ 유형자산의 감가상각방법과 무형자산의 상각방법은 다음 각 호에서 정하는 방법 중 하나를 선택한다. 다만, 사업결합에서 발생한 영업권에는 정액법을 사용한다.

1. 유형자산: 정액법, 정률법, 생산량비례법
2. 무형자산: 정액법, 생산량비례법

⑨ 잔존가치 또는 내용연수에 대한 추정이 변경되거나 감가상각방법·상각방법이 변경되는 경우에는 전진적으로 회계처리하여 그 효과를 당기와 그 이후의 회계연도에 반영한다.

제39조(유가증권의 평가)

① 유가증권의 취득원가에는 거래원가를 포함한다. 다만, 시장가격이 있는 유가증권의 경우 해당 자산의 거래원가를 최초 인식하는 시점에 비용으로 회계처리한다.

② 시장가격이 있는 유가증권은 시장가격으로 평가하고 시장가격 변동에 따른 보유손익은 단기투자자산평가손익 등으로 회계처리한다. 이 경우 시장가격이 있는 유가증권이란 한국거래소가 개설한 유가증권시장, 코스닥시장 또는 공신력 있는 외국의 증권거래시장(뉴욕증권거래소, 런던증권거래소 등)에서 거래되는 지분증권과 채무증권을 말한다. 다만, 시장가격으로 평가해 온 유가증권이 시장성을 잃으면 그 시점의 장부금액으로 평가한다.

③ 시장가격이 없는 주식, 출자금 등의 지분증권은 취득원가로 측정한다.

④ 시장가격이 없는 국채·공채, 회사채 등의 채무증권은 장부금액과 만기금액에 차이가 있는 경우 그 차이를 상환기간에 걸쳐 유효이자율법이나 정액법으로 상각하여 장부금액과 이자수익에 반영한다.

⑤ 시장가격이 없는 유가증권에 손상이 발생하였다는 객관적인 증거가 있으면 회수가능액을 추정하여 장부금액과의 차이를 손상차손으로 인식한다. 다만, 손상차손을 인식할 필요가 없다는 명백한 증거가 있거나 손상차손 금액이 중요하지 않은 경우에는 손상차손을 인식하지 않을 수 있다.

⑥ 손상차손이 회복된 경우에는 이전에 인식하였던 손상차손 금액을 한도로 하여

회복된 금액을 손상차손환입으로 인식한다.

제40조(매출채권 등의 평가)

① 제36조제1항에도 불구하고 매출채권, 대여금, 미수금, 미수수익 등(이하 '매출채권 등'이라 한다)은 현재가치평가를 아니할 수 있다.
② 매출채권 등의 장부금액과 만기금액에 차이가 있는 경우 그 차이를 상환기간에 걸쳐 유효이자율법이나 정액법으로 상각하여 장부금액과 이자수익에 반영한다.
③ 원금이나 이자 등의 일부 또는 전부를 회수하지 못할 가능성이 있는 매출채권 등은 합리적이고 객관적인 기준에 따라 대손추산액을 산출하여 대손충당금으로 설정하고, 기존 대손충당금 잔액과의 차이는 대손상각비로 인식한다.
④ 매출채권 등의 원금이나 이자 등의 일부 또는 전부를 회수할 수 없게 된 경우, 대손충당금과 상계하고, 대손충당금이 부족한 경우에는 그 부족액을 대손상각비로 인식한다.
⑤ 제3항과 제4항의 경우 매출채권에 대한 대손상각비는 판매비와관리비의 대손상각비로, 그 밖의 채권에 대한 대손상각비는 영업외비용의 기타대손상각비로 구분한다.

제41조(매입채무 등의 평가)

① 매입채무, 차입금, 사채, 미지급금, 미지급비용, 예수금 등(이하 '매입채무 등'이라 한다)은 부담하는 채무액으로 최초에 측정한다. 다만, 현재가치평가를 아니할 수 있다.
② 매입채무 등의 장부금액과 만기금액에 차이가 있는 경우 그 차이를 상환기간에 걸쳐 유효이자율법이나 정액법으로 상각하여 장부금액과 이자비용에 반영한다.

제42조(외화거래)

① 외화로 이루어지는 거래는 최초에 그 거래일의 외화와 원화 사이의 현물환율을 외화금액에 적용하여 인식한다.
② 화폐성외화자산·부채는 매 회계연도 말에 마감환율로 다시 환산하고, 비화폐성외화자산·부채는 해당 자산을 취득하거나 해당 부채를 부담한 당시의 환율로 환산한다.
③ 화폐성외화자산·부채의 환산에서 발생하는 외화환산손익 및 결제시점에 발생하

는 외환차손익은 해당 손익이 발생하는 회계연도의 손익으로 인식한다.

제 5 장 회계정책 · 회계추정의 변경과 오류수정

제43조(회계정책 및 회계추정의 변경)

① 재무제표를 작성할 때 채택한 회계정책이나 회계추정은 비슷한 종류의 사건 또는 거래의 회계처리에도 동일하게 적용한다.

② '회계정책의 변경'이란 재무제표의 작성에 적용하던 회계정책을 다른 회계정책으로 바꾸는 것을 말한다. 이 경우 회계정책의 변경에는 재고자산의 단위원가결정방법 변경과 유형자산의 감가상각방법 변경 등이 포함된다.

③ 이 기준에서 변경을 요구하거나, 회계정책의 변경을 반영한 재무제표가 신뢰성 있고 더 목적적합한 정보를 제공하는 경우에만 회계정책을 변경할 수 있다.

④ '회계추정의 변경'이란 환경의 변화, 새로운 정보의 입수 또는 경험의 축적에 따라 회계적 추정치의 근거와 방법 등을 바꾸는 것을 말한다. 이 경우 회계추정에는 대손의 추정, 재고자산의 진부화 여부에 대한 판단과 평가, 충당부채의 추정, 감가상각자산의 내용연수 또는 잔존가치의 추정 등이 포함된다.

⑤ 회계정책 또는 회계추정의 변경은 전진적으로 회계처리하여 그 효과가 당기와 그 이후의 회계연도에 반영되도록 한다.

제44조(오류수정)

① '오류수정'이란 전기 또는 그 이전 회계연도의 재무제표에 포함된 회계적 오류를 당기에 발견하여 수정하는 것을 말한다.

② 당기에 발견한 전기 또는 그 이전 회계연도의 오류는 당기에 영업외손익의 전기오류수정손익으로 회계처리한다.

제 6 장 자본거래

제45조(주식의 발행)

① 주식(상환우선주 등을 포함한다)을 발행하는 경우에는 다음 각 호에 따라 회계처리한다.

1. 주식의 발행금액이 액면금액보다 큰 경우: 그 차액을 자본잉여금의 주식발행초

과금으로 회계처리한다.

2. 주식의 발행금액이 액면금액보다 작은 경우: 그 차액을 주식발행초과금의 범위에서 상계하고, 남아있는 금액이 있으면 자본조정의 주식할인발행차금으로 회계처리한다.

② 이익잉여금 처분 등으로 상각되지 않은 주식할인발행차금은 향후 발생하는 주식발행초과금과 우선적으로 상계한다.

③ 자본잉여금이나 이익잉여금을 자본금에 전입하여 주주에게 무상으로 신주를 발행하는 경우에는 주식의 액면금액을 주식의 발행금액으로 한다.

第46条(자기주식의 취득과 처분)

① 주식을 발행한 회사가 발행된 주식을 다시 취득하는 경우에는 그 취득원가를 자본조정의 자기주식으로 회계처리한다.

② 자기주식을 처분하는 경우에는 다음 각 호에 따라 회계처리한다.

1. 처분금액이 장부금액보다 큰 경우: 그 차액을 자본잉여금의 자기주식처분이익으로 회계처리한다.
2. 처분금액이 장부금액보다 작은 경우: 그 차액을 자기주식처분이익의 범위에서 상계하고, 남아있는 금액이 있으면 자본조정의 자기주식처분손실로 회계처리한다.

③ 이익잉여금 처분 등으로 상각되지 않은 자기주식처분손실은 향후 발생하는 자기주식처분이익과 우선적으로 상계한다.

第47条(주식의 소각)

① 자기주식을 소각하는 경우에는 다음 각 호에 따라 회계처리한다.

1. 주식의 취득원가가 액면금액보다 작은 경우: 그 차액을 자본잉여금의 감자차익으로 회계처리한다.
2. 주식의 취득원가가 액면금액보다 큰 경우: 그 차액을 감자차익의 범위에서 상계하고, 남아있는 금액이 있으면 자본조정의 감자차손으로 회계처리한다.

② 감자차손이 이익잉여금 처분 등으로 상각되지 않고 남은 잔액은 향후 발생하는 감자차익과 우선적으로 상계한다.

③ 발행한 주식을 이익으로 소각하는 경우에는 소각하는 주식의 취득원가에 해당하는 이익잉여금을 감소시킨다.

④ 주주에게 순자산을 반환하지 않으면서 주식의 액면금액이나 주식 수를 감소시키

는 경우에는 감소되는 액면금액 또는 감소되는 주식 수에 해당하는 액면금액을 자본잉여금의 감자차익으로 회계처리한다.

제48조(배당)

① 주주에게 현금으로 배당하는 경우에는 그 배당액을 이익잉여금에서 차감한다.

② 주주에게 주식으로 배당하는 경우에는 발행주식의 액면금액을 배당액으로 하여 자본금을 증가시키고 이익잉여금을 감소시킨다.

제 7 장 특수 거래

제49조(리스거래)

① '리스거래'란 리스제공자가 자산의 사용권을 합의된 기간 동안 리스이용자에게 이전하고, 리스이용자는 사용료를 지급하는 계약을 말한다.

② 자산의 소유권이 실질적으로 리스이용자에게 이전되는 리스거래는 금융리스로, 그 밖의 경우는 운용리스로 분류한다. 이 경우, 소유권이 실질적으로 이전되는지는 계약의 형식이 아닌 거래의 실질적인 내용에 따라 판단한다.

③ 운용리스이용자는 보증잔존가치를 차감한 최소리스료를 보다 체계적으로 인식할 수 있는 기준이 없다면, 리스기간에 걸쳐 균등하게 배분하여 비용으로 인식한다. 이 경우 '최소리스료'란 리스이용자가 리스제공자에게 지급해야 하는 금액을 말한다.

④ 금융리스이용자는 리스자산을 장기할부로 구입한 것으로 보아 최소리스료를 리스제공자의 내재이자율로 할인한 금액과 리스자산의 공정가치 중 적은 금액을 금융리스자산과 금융리스부채로 인식하고, 금융리스자산은 리스이용자가 보유한 다른 유사한 자산과 일관성 있게 감가상각한다.

제50조(정부보조금과 공사부담금)

① 정부보조금은 해당 보조금에 부수되는 조건을 준수하고, 이를 수취할 것이라는 확신이 있을 때 인식한다.

② 자산의 취득과 관련하여 정부보조금(비화폐성자산을 포함한다)을 받은 경우에는 다음 각 호에 따라 회계처리한다.

1. 관련 자산을 취득하기 전: 정부보조금의 금액을, 받은 자산(받은 자산을 일시적으로 운용하기 위해 취득한 다른 자산을 포함한다)의 차감계정으로 회계처리한다.

2. 관련 자산을 취득하는 시점 및 이후: 정부보조금의 금액을 관련 자산의 차감계정으로 회계처리하고, 관련 자산의 내용연수에 걸쳐 (감가)상각금액과 상계하며, 해당 자산을 처분할 때 그 잔액을 처분손익에 반영한다. 다만, 정부보조금의 금액을 관련 자산의 취득금액에서 직접 차감할 수 있다.

③ 수익과 관련하여 정부보조금을 받은 경우에는 다음 각 호에 따라 회계처리한다.

1. 정부보조금을 사용하기 위하여 특정한 조건을 충족해야 하는 경우: 조건을 충족하기 전까지는 받은 정부보조금을 부채(선수수익)로 회계처리한다.
2. 정부보조금이 특정 비용을 보전할 목적으로 지급된 경우: 해당 비용과 상계한다.
3. 정부보조금에 대응되는 비용이 없는 경우: 회사의 주된 영업활동과 직접적인 관련이 있다면 영업수익으로, 그 밖의 경우에는 영업외수익으로 회계처리한다.

④ 공사부담금의 회계처리는 제1항부터 제3항까지를 준용한다.

제51조(사업결합)

① 합병, 영업양수도 등과 같은 사업결합을 하는 경우, 취득일에 별도로 식별되는 취득 자산과 인수 부채는 취득일의 공정가치로 측정한다. 다만, 다음 각 호의 어느 하나에 해당하면 해당 자산이나 부채를 피취득자의 장부금액으로 측정할 수 있다.

1. 취득일의 공정가치가 피취득자의 장부금액과 중요한 차이가 없는 경우
2. 공정가치를 측정하기 어려운 경우

② 이전대가가 제1항에 따라 측정된 자산과 부채의 순액보다 큰 경우 그 차이를 무형자산의 영업권으로 인식한다.

③ 이전대가가 제1항에 따라 측정된 자산과 부채의 순액보다 작은 경우 그 차이를 염가매수차익으로 하여 당기에 이익으로 인식한다. 다만, 법인세법 제44조의2에 따라 회계처리할 수 있다.

제 8 장 자본변동표

제52조(자본변동표)

① 자본변동표는 자본의 크기와 그 변동에 관한 정보를 제공하는 재무보고서이다.

② 자본변동표에는 자본의 각 항목별로 다음 각 호와 같이 구분하여 기초 잔액, 변동사항과 기말 잔액을 표시한다. [별지 제3호 서식 참조]

1. 자본금의 변동: 유상증자(감자), 무상증자(감자)와 주식배당 등에 의하여 발생한다.

2. 자본잉여금의 변동: 유상증자(감자), 무상증자(감자), 결손금처리 등에 의하여 발생하며, 주식발행초과금과 기타자본잉여금으로 구분하여 표시한다.
3. 자본조정의 변동: 자기주식은 구분하여 표시하고, 기타자본조정은 통합하여 표시할 수 있다.
4. 이익잉여금의 변동: 연차배당(현금배당과 주식배당으로 구분한다), 중간배당, 그 밖의 전기 말 미처분이익잉여금의 처분 및 당기순이익(또는 당기순손실)으로 구분하여 표시한다.

제 9 장 이익잉여금처분계산서 및 결손금처리계산서

제53조(이익잉여금처분계산서)

① 이익잉여금처분계산서는 이익잉여금의 처분사항을 보고하는 재무보고서이다.

② 이익잉여금처분계산서의 항목은 다음 각 호와 같이 구분하여 표시한다. [별지 제4호 서식 참조]

1. 미처분이익잉여금: 전기이월미처분이익잉여금(또는 전기이월미처리결손금)에 중간배당액 및 당기순이익(또는 당기순손실) 등을 차감하거나 가산한 금액으로 한다.
2. 임의적립금등의 이입액: 임의적립금 등을 이입하여 당기의 이익잉여금처분에 충당하는 경우에는 그 금액을 미처분이익잉여금에 가산하는 형식으로 표시한다.
3. 이익잉여금처분액: 이익잉여금의 처분은 다음 각 목의 항목으로 구분하여 표시한다.
   가. 이익준비금
   나. 기타법정적립금
   다. 이익잉여금처분에 의한 상각 등: 주식할인발행차금상각, 자기주식처분손실잔액 등으로 구분한다.
   라. 배당금: 당기에 처분할 배당액을 현금배당과 주식배당으로 구분하여 표시한다.
   마. 임의적립금
4. 차기이월미처분이익잉여금: 미처분이익잉여금과 임의적립금이입액의 합계에서 이익잉여금처분액을 차감한 금액으로 한다.

제54조(결손금처리계산서)

① 결손금처리계산서는 결손금의 처리사항을 보고하는 재무보고서이다.

② 결손금처리계산서의 항목은 다음 각 호와 같이 구분하여 표시한다. [별지 제5호 서식 참조]

1. 미처리결손금: 전기이월미처리결손금(또는 전기이월미처분이익잉여금)에 중간배당액 및 당기순이익(또는 당기순손실) 등을 차감하거나 가산한 금액으로 한다.
2. 결손금처리액: 임의적립금이입액, 기타법정적립금이입액, 이익준비금이입액, 자본잉여금이입액으로 구분하여 표시한다.
3. 차기이월미처리결손금: 미처리결손금에서 결손금처리액을 차감한 금액으로 한다.

제10장 주석

제55조(주석의 정의) '주석'이란 대차대조표 · 손익계산서와 자본변동표 또는 이익잉여금처분계산서(또는 결손금처리계산서)에 표시된 항목을 구체적으로 설명하거나 세분화하는 정보와 해당 재무제표의 인식 조건을 충족하지 못하는 항목에 대해 추가적으로 제공하는 정보를 말한다.

제56조(주석 기재 사항) 다음 각 호의 사항은 주석으로 기재할 수 있다.

1. 중소기업회계기준에 따라 재무제표를 작성하였다는 사실
2. 이 기준에서 둘 이상의 회계정책 가운데 하나를 선택할 수 있게 하는 경우, 적용된 회계정책
3. 회계정책의 변경과 오류수정의 내용
4. 매입채무, 차입금, 사채, 미지급금 등 현금 등으로 상환하여야 하는 부채의 주요 내용
5. 제공한 담보 · 보증의 주요 내용
6. 특수관계인(법인세법 시행령 제87조의 정의에 따른다)과의 중요한 거래의 내용
7. 타인으로부터 제기된 회계연도 말 현재 진행 중인 소송 사건의 내용, 소송금액, 진행 상황 등
8. 매출채권 등을 양도한 경우, 만기가 도래하지 않은 부분의 금액과 양도의 조건
9. 정부보조금 또는 공사부담금을 관련 자산에서 직접 차감한 경우 해당 회계연도에 수령한 정부보조금 또는 공사부담금의 금액 및 관련 내용

10. 대차대조표, 손익계산서, 자본변동표 또는 이익잉여금처분계산서(또는 결손금처리계산서)의 본문에 표시되지 않는 사항으로서 재무제표를 이해하는 데 필요한 추가 정보

부칙 (2013. 2. 1.)

제1조(시행일) 이 기준은 2014년 1월 1일 이후 최초로 시작되는 회계연도부터 적용한다. 다만, 2013년 1월 1일 이후 최초로 시작되는 회계연도부터 적용할 수 있다.

제2조(최초 적용에 관한 경과조치)
① 이 기준을 처음 적용한 회계연도 전에 발생한 거래 또는 사건 등으로 인하여 재무제표에 표시되는 항목은 그 직전 회계연도 말의 장부금액을 이 기준에 따른 최초 장부금액으로 본다. 다만, 특정 항목이 실질을 반영하지 못하는 경우 최초 장부금액을 수정하고, 그에 따른 영향은 기초 이익잉여금(적절하다면 자본의 다른 항목)에 반영한다.
② 제1항 본문에 따라 재무제표를 작성하는 경우 종전 회계기준에 따른 기타포괄손익누계액(해외사업환산손익, 현금흐름위험회피 파생상품평가손익은 제외한다)은 이익잉여금으로 재분류한다.
③ 다음 각 호의 사항은 주석으로 기재할 수 있다.
1. 직전 회계연도까지 적용한 회계기준의 명칭
2. 제1항 단서에 따라 이 기준을 처음 적용하면서 일부 항목을 수정한 경우 다음 각 목의 사항
   가. 수정한 항목
   나. 자산 또는 부채의 기초 장부금액에 미친 영향
   다. 이익잉여금 등 기초 자본에 미친 영향

[별지 서식] 해설 제4장 참조

중소기업회계기준 조문별 찾아보기

중소기업회계기준 조문	중소기업회계기준 해설
제1조	제1장 [2]
제3조	제3장 [1]
제4조①	제4장 [1]
제4조②	제4장 [2] (1)
제4조③	제4장 [2] (2)
제5조①·②	제4장 [2] (3)
제6조①	제4장 [3] (1)
제6조②	제4장 [3] (2)
제6조③	제4장 [3] (1), 제11장 [1] (4), 제12장 [1]
제6조④	제4장 [3] (2), 제6장 [2] (1), 제7장 [2] (1), 제8장 [2] (1), 제11장 [1] (4), 제12장 [1]
제6조⑤·⑥·⑦·⑧	제4장 [3] (2)
제7조①·②	제4장 [3] (3) (가)
제7조③	제4장 [3] (3) (가), 제11장 [1] (3) (나)
제8조	제11장 [1] (4)
제9조①·②·③	제4장 [3] (3) (가)
제10조①·②	제4장 [3] (3) (가)
제11조①·②	제4장 [3] (3) (가), 제7장 [1]
제11조③	제4장 [3] (3) (가), 제7장 [3] (3)
제11조④	제7장 [4]
제12조①	제4장 [3] (3) (가), 제8장 [1]
제12조②	제4장 [3] (3) (가), 제8장 [1]
제12조③	제4장 [3] (3) (가), 제8장 [3] (3)
제12조④	제8장 [4]
제13조①·②	제4장 [3] (3) (가)
제14조①·②	제4장 [3] (3) (나)
제15조①·②	제4장 [3] (3) (나)
제16조	제11장 [1] (4)
제17조①	제12장 [2]
제17조②	제12장 [3] (1)
제17조③	제12장 [3] (2)
제17조④	제12장 [3] (3)

중소기업회계기준 조문	중소기업회계기준 해설
제18조①	제12장 [4] (1)
제18조②·③	제12장 [4] (2)
제19조	제4장 [3] (3) (다)
제20조①·②	제4장 [3] (3) (다)
제21조①·②	제4장 [3] (3) (다)
제22조	제4장 [3] (3) (다)
제23조①	제4장 [4] (1)
제23조②·③	제4장 [4] (3)
제24조①	제14장 [1]
제24조②	제14장 [2]
제24조③	제14장 [3]
제25조	제14장 [5]
제26조	제4장 [4] (2)
제27조①	제4장 [4] (2), 제6장 [5]
제27조②	제4장 [4] (2), 제6장 [3] (1), 제6장 [5]
제27조③	제4장 [4] (2), 제6장 [3] (1), 제6장 [5]
제27조④	제4장 [4] (2), 제6장 [3] (2), 제6장 [5]
제28조	제4장 [4] (2)
제29조①·②	제4장 [4] (2)
제29조③	제4장 [4] (2), 제11장 [1] (3) (나)
제29조④	제4장 [4] (2), 제8장 [2] (3)
제30조	제4장 [4] (2)
제31조①·②	제4장 [4] (2)
제32조①·②	제4장 [4] (2)
제33조	제4장 [4] (2)
제34조	제4장 [4] (2)
제35조	제4장 [4] (2)
제36조①·②	제5장 [2] (1), 제7장 [2] (2)
제36조③	제10장 [1]
제36조④	제10장 [2]
제37조①·②	제6장 [2] (2)
제37조③	제6장 [2] (2), 제9장 [1] (2)
제37조④	제6장 [3] (1)

중소기업회계기준 조문	중소기업회계기준 해설
제37조⑤	제6장 4
제38조①	제7장 2 (2)
제38조②	제7장 2 (2), 제9장 1 (1)
제38조③	제7장 3 (2)
제38조④	제7장 3 (1)
제38조⑤ · ⑥ · ⑦ · ⑧ · ⑨	제7장 3 (3)
제39조①	제11장 2 (2)
제39조② · ③ · ④	제11장 2 (3)
제39조⑤ · ⑥	제11장 2 (4)
제40조①	제11장 1 (2)
제40조②	제11장 1 (3) ㈎
제40조③ · ④ · ⑤	제11장 1 (3) ㈏
제41조①	제11장 1 (2)
제41조②	제11장 1 (3) ㈎
제42조①	제13장 1
제42조②	제13장 2
제42조③	제13장 3
제43조①	제3장 1
제43조② · ③	제3장 2
제43조④	제3장 3
제43조⑤	제3장 2, 3
제44조① · ②	제3장 4
제45조① · ② · ③	제15장 1
제46조①	제15장 2 (1)
제46조② · ③	제15장 2 (2)
제47조① · ②	제15장 3 (1)
제47조③	제15장 3 (2)
제47조④	제15장 3 (3)
제48조① · ②	제15장 5
제49조① · ②	제16장 1
제49조③	제16장 2 (1)
제49조④	제16장 2 (2)
제50조①	제17장 1

중소기업회계기준 조문	중소기업회계기준 해설
제50조②	제17장 2
제50조③	제17장 3
제50조④	제17장 4
제51조①	제18장 1
제51조②	제18장 2 (1)
제51조③	제18장 2 (2)
제52조①	제4장 5 (1)
제52조②	제4장 5 (2)
제53조①	제4장 6 (1) (가)
제53조②	제4장 6 (1) (나)
제54조①	제4장 6 (2) (가)
제54조②	제4장 6 (2) (나)
제55조	제4장 7 (1)
제56조	제4장 7 (2)
부칙 (2013. 2. 1.) 제1조	제2장 1
부칙 (2013. 2. 1.) 제2조 ①·②·③	제2장 2

중소기업회계기준 해설

2013년 4월 12일 제 1 판 1쇄 발행
2014년 10월 10일 제 1 판 2쇄 발행

저　　자 법무부 · 한국회계기준원
발 행 인 권　영　섭
발 행 처 (주)신　영　사
서울특별시 마포구 염리동 36-249
등　　록 : 1988. 5. 2 / 제25100-1988-20호
전　　화 : 031)946-2894(代)
F A X : 031)946-0799
e- mail : sys2894@chol.com
홈페이지 : http://www.shinyoungsa.co.kr

인지 생략

정가 10,000원　　ISBN 978-89-5501-419-8